KB122774

어쩌다 어른

OtvN 프리미엄 특강쇼

어쩌다 어른

〈어쩌다 어른〉 제작팀 지음

교보문고

어쩌다 시작한 이야기에서
삶의 의미를 전달하는 어른들의 이야기로

OtvN 개국 2주년과 함께 〈어쩌다 어른〉도 100회를 맞이했습니다. 어쩌다 시작한 철수, 영희들의 이야기가 인문학 이야기로 진화하면서 이제는 이 시대 철수, 영희들이 공감하는 이웃과도 같은 프로그램이 됐습니다. '어쩌다'의 사전적 의미는 '의지와 상관없이 우연하게'이지만, 이제 〈어쩌다 어른〉은 의지를 가지고 철수, 영희들에게 삶의 의미를 전달하는 어른들의 이야기가 되어버렸습니다. 어쩌다 이렇게 된 걸까요? ^^

우리의 삶은 그저 하루하루가 더해져 만들어진 일상이 아니라는 생각이 듭니다. 아이로 태어나 어른이 되어가는 삶의 과정이 결코 우연하게 이뤄진 게 아닌 것처럼, 〈어쩌다 어른〉은 앞으로도 책임감을 가지고 더 솔직하고 겸손하게 이 시대 철수, 영희들에게 막연하지 않은 구체적인 삶의 길을 전해 드리고 싶습니다.

이 시대의 철수 영희 여러분, 어쩌다 만난 우리 인연이 필연이었기를 바라며, 찰나일 수도 있지만 미소를 머금을 수 있는 순간들이 가득한 삶이 되시기를 바랍니다.

〈어쩌다 어른〉 진행자이자 이 시대의 철수

이 시대의 불안한 어른들과
어른이 될 준비를 하는 사람들에게

'어쩌다' 방송일을 시작한 지 20년이 훌쩍 지났다. 물리적인 시간의 축적량으로만 따진다면 어느새 방송계의 '어른'이 된 셈이다. 연출 시절 근사한 프로그램을 만들어 보겠다던 결기와 열정은 이제 현업을 누비는 후배들의 몫이 되었고, 나에겐 그들의 뒤에서 그간 하지 못했던 업의 본질에 대해 성찰할 여유가 제법 생겼다.

'좋은 프로그램이란 무엇일까?'

이 일터를 떠나기 전에는 끝나지 않을, 나를 포함한 모든 방송인들의 고민이자 숙제다. 비록 하나의 결론을 내릴 수는 없지만 시청자들에게 정서적 위안을 주고 유용한 컨텐츠를 제공해 그들의 삶에 긍정적 변화를 일으킬 수 있는 계기와 단초를 제공하는 것이 본령에 가장 근접한 대답이라 생각한다.

〈꽃보다 할배〉를 보고 지금껏 하지 못했던 부모님과의 여행을 계획하고,

〈미생〉 속 장그래를 통해 이 시대 청춘들과 고민을 나누며,

〈응답하라 시리즈〉가 소환한 과거의 삶에 우리 모습을 투영해 현재의 삶을 되돌아보는 것이다.

그리고 이 책이 출간되기까지 원동력이 되어준 프로그램인 〈어쩌다 어른〉은 아무런 준비도 없이, 어쩌다 보니 어른이 되어버려 불안한 나를

비롯한 이 시대 수많은 어른들에게 작은 위로라는 선물을 주고 있다.

일상에 매몰되어 미처 챙기지 못했지만 우리네 인생을 포괄적으로 감싸고 있는 지식들(역사, 심리, 과학, 예술, 경제, 의학 등)을 쉽고 재미있는 방식으로 들려준다. 이를 통해 우리는 각자의 방식으로 삶에 대한 통찰력 insight을 얻고, 현재뿐 아니라 앞으로 내가 서 있어야 할 삶의 좌표를 설정할 수 있게 된다.

인문학적 고양을 통해 많은 사람들에게 삶의 변화를 선사하고 있는 〈어쩌다 어른〉이 어쩌다 보니 벌써 100회를 넘기게 됐다. 이 책에 실린 이야기가 이 시대의 불안한 어른들과 어른이 될 준비를 하고 있는 사람들에게 작은 도움이 되었으면 하는 바람이다.

이명한 tvN 본부장

차례

2부 어른의 마음

3부 어른의 지식

1부

어른의 생각

우리는 얼마든지
지혜로워질 수 있다

| 김 경 일 |

두 가지 게임이 있습니다. A는 1억 원을 딸 확률이 100%인 게임이고, B는 1억 원을 딸 확률이 89%, 5억 원을 딸 확률이 10%, 아무것도 따지 못할 확률이 1%인 게임입니다. 당신은 어떤 게임을 선택하시겠습니까? 이 질문에 사람들은 5 대 5의 비율로 A와 B를 선택하겠다는 대답을 내놓습니다.

이때 모든 사람들이 A를 선택하게 할 수 있는 방법이 있습니다. '억'을 '조'로 바꾸는 것입니다. A는 1조 원을 딸 확률이 100%인 게임이고, B는 1조 원을 딸 확률이 89%, 5조 원을 딸 확률이 10%, 아무것도 따지 못할 확률이 1%인 게임이 되는 겁니다. 이때는 모두 A를 선택합니다. 어차피 1조 원이나 5조 원이나 다 쓰지 못할 만큼 많은 돈이기 때문입니다. 1조 원은 연리 2%라는 저금리라고 해도

1년에 이자만 200억 원입니다. 이 말은 1년 365일을 하루도 빠짐없이 5,500만 원씩 탕진해야 재산이 늘어나는 것을 간신히 막을 수 있다는 뜻입니다. 이번에는 반대로 모두가 B를 선택하게 할 수도 있습니다. '1억 원'을 '1,000원'으로 바꾸면 됩니다. A는 1,000원을 딸 확률이 100%인 게임이고, B는 1,000원을 딸 확률이 89%, 5,000원을 딸 확률이 10%, 아무것도 따지 못할 확률이 1%인 게임이라고 하면 대부분 B를 선택합니다.

재미있는 것은 우리나라를 제외한 대부분의 국가에서 1억 원을 단돈 100만 원으로만 바꿔도 대부분의 사람들이 A를 선택한다는 사실입니다. 그런데 우리나라는 B를 선택하는 사람들이 월등히 높습니다. 왜 우리는 돈에 있어서만큼은 세계에서 가장 '모범적'이 아닌 '모험적'일까요?

다음 게임을 살펴보면 그 답이 나올지도 모르겠습니다. C는 1억 원을 딸 확률 11%와 아무것도 따지 못할 확률 89%의 게임입니다. D는 5억 원을 딸 확률 10%와 아무것도 따지 못할 확률이 90%인 게임입니다. 이 게임에서 C를 선택하는 사람은 거의 없습니다. 다들 D를 선택합니다. 게임 C와 D는 A와 B에서 각각 1억 원을 딸 확률을 89%씩 뺀 것입니다. A와 B에서 똑같은 양을 빼낸 것이 C와 D인 셈이죠. 계산 대로라면 A를 선택했던 사람은 C를 선택해야 합니다. 그런데 그럴 이유가 조금도 느껴지지 않습니다. 왜일까요?

앞선 게임에서 A를 선택한 사람들은 확실한 것을 좋아하는 성향

어
찌
다
어
른

을 가졌습니다. B를 선택한 사람은 그보다는 변화나 모험을 즐기는 성향이 강합니다. 그런데 이들 모두 D를 선택했습니다. A와 B에서 같은 양을 이동시켜 C와 D 게임을 만들었음에도 전혀 다른 선택을 한 것입니다. 이는 인간이 일관적일 필요가 없으며 일관적이면 오히려 이상한 존재라는 것을 뜻합니다. 인간만의 독특한 사고방식인 셈입니다.

우리는 왜 같은 실수를 반복할까?

그렇다면 우리 생각의 본질은 어떻길래 이런 선택을 하는 것일까요? 1956년 컴퓨터 사이언스를 연구하는 학자들과 인지심리학자들이 한자리에 모였습니다. 그들은 인간의 생각이 작동하는 원리를 설계도로 만들었습니다. 그것이 바로 지금의 인공지능입니다. 인공지능은 인간의 학습, 추론, 지각, 자연언어 이해능력 등을 컴퓨터 프로그램으로 실현한 기술입니다. 2016년 이세돌 9단이 인공지능 컴퓨터인 알파고와의 대국에서 1승 4패라는 충격적인 패배를 당했습니다. 그러자 인간의 실패로 인한 인류 재앙까지 우려하기 시작했습니다. 기대가 우려로 끝나자 인류의 미래에 대한 불안감은 점점 더 커졌고, 언론은 미래에 없어질 직업에 관한 기사를 쏟아냈습니다. 그런데 우리 인간은 이미 1997년에 기계와의 대결에서 쓰디쓴 실패를 경험했습니다. 세계 체스 챔피언인 게리 카스파로프Garry

——딥블루 vs 인간의 체스 대결(1997년)

——왓슨 vs 인간의 퀴즈 대결(2011년)

어쩌다 어른

Kasparov가 IBM의 딥블루라는 컴퓨터와의 체스 대결에서 진 것입니다. 당시에도 인류는 대 충격에 빠졌습니다. 2011년에는 왓슨이라는 컴퓨터가 미국의 TV 퀴즈쇼 〈제퍼디!〉에서 무려 74회 연속으로 우승한 켄 제닝스ken Jennings를 물리치고 우승을 거머쥐었습니다.

이를 두고 우리는 인간이 컴퓨터에 지는 역사, 인공지능에 당하는 역사, 그리고 인간이 무언가를 못하게 되는 역사라고 평가합니다. 하지만 인지심리학자들은 오히려 기계보다 인간에게 더 크게 놀랐습니다. 그동안 인간만 파고들며 연구한 탓에 발견하지 못했던 인간의 특성이 인공지능과의 여러 대결을 거치면서 드러나더니, 오히려 인간만의 독특한 사고방식을 보여주기 시작한 것입니다. 이를 지켜본 결과, 인간에게는 매우 경이로운 능력이 있음을 확인했습니다. 잠시 몇 가지 질문을 던져보겠습니다.

"대한민국의 수도는 무엇일까요?"

"과테말라에서 일곱 번째로 큰 도시는 무엇일까요?"

두 번째 질문에 곧바로 정답을 말하는 사람은 별로 없습니다. 다들 모른다고 대답합니다. 지금 당신 역시 모른다고 대답하거나 생각했다면, 인간의 위대하고, 놀랍고, 경이로운 능력을 보여준 것입니다. 인간의 특별한 능력은 '모른다'는 것을 깨닫는 것입니다. 컴퓨터는 인간처럼 재빠르게 모른다고 대답하지 못합니다. 컴퓨터는 알고 있는 것을 대답하는 것보다 모른다고 대답하는 데 반드시 더 오랜 시간이 걸립니다. 컴퓨터가 질문에 대해 '모른다'라는 대답을 내

놓기 위해서는 자신의 시스템이나 하드디스크에 그런 정보나 파일이 없다는 것을 확인해야 하는데, 이는 자신이 가진 정보를 모조리 탐색해야 한다는 뜻이기도 합니다.

그런데 우리 인간은 모른다는 판단을 1초 안에 할 수 있습니다. 즉 인간은 '안다'는 것에 있어서는 이미 컴퓨터에 졌고, 앞으로도 이길 수는 없을 것입니다. 하지만 '모른다'는 것에 있어서는 영원히 컴퓨터를 이깁니다. 모른다는 게 뭐 그리 자랑할 일이냐고 생각할 수 있겠지만, 1초 안에 모른다는 판단을 한다는 건 다음 행동을 1초 안에 결정할 수 있다는 것입니다. 모르니까 찾아보면 되고, 모르니까 포기하면 됩니다. 그래서 우리는 유한한 삶을 살면서도 무한한 일을 할 수 있습니다.

우리 안에는 또 다른 나, 그리고 내 생각을 보는 더 높은 생각이 있습니다. 이를 가리켜 '메타인지'라고 합니다. 내 안에서 나의 능력과 지식, 그리고 내가 아는 앎의 정도를 모니터링하는 것이죠.

그렇다면 우리는 어떻게 과테말라에서 일곱 번째로 큰 도시에 관한 정보가 없다고 곧바로 말할 수 있었을까요? 메타인지는 입력된 정보가 나와 '친한가', '친하지 않은가'만 확인하기에 재빨리 판단할 수 있는 것입니다. 대한민국은 지금껏 살아오면서 수백만 번은 들은 단어입니다. 하지만 과테말라는 정확히 어디에 있는 나라인지도 모르는 사람이 많습니다. 그렇기에 곧바로 모른다는 판단을 내릴 수 있습니다.

사실 우리는 어중간하게 친한 정보를 오히려 더 어려워합니다. 주변 사람에게 영국 총리 이름을 물어보면 곧바로 모른다고 대답하지 않습니다. '마거릿 대처Margaret Thatcher', '브렉시트' 등 영국에 관해 어중간하게 알고 있기 때문입니다. 이때 우리 인간은 컴퓨터 흉내를 냅니다. 자신의 정보를 총동원해 결국 모른다는 판단을 내리기까지 생각보다 오랜 시간이 걸리고 마는 것입니다.

지금껏 당신이 평생 살아가면서 1만 번의 실패를 맛보았다면 그중 절반은 자신의 메타인지에 속은 결과입니다. 인간이 같은 실수와 실패를 반복하는 것도 이 메타인지 때문입니다. 일이든, 사람이든, 기계든, 공부든 자주 봐서 친숙하지만 실제로 제대로 아는 것은 별로 없는 경우가 많습니다. 이때 메타인지가 발동하면 마치 익숙함 때문에 그것을 잘 아는 것처럼 착각하게 되고 결국은 스스로에게 속아 실패하고 맙니다. 대표적인 사례가 자동차를 타고 가다가 고장이 났을 때입니다. 갑자기 자동차가 고장 나면 남자들은 자신 있게 보닛을 열어봅니다. 금방이라도 어디가 잘못됐는지 알아채고 고칠 것 같지만 실제로 그런 사람은 극히 드뭅니다. 이럴 때는 보험사를 부르는 게 가장 현실적인 대처입니다. 하지만 많은 사람들이 고치지도 못할 보닛을 열고 끙끙거립니다. 왜 결말이 뻔한 실패를 막지 못할까요? 몇 년을 매일같이 봐온 자동차는 메타인지가 판단할 때 나와 매우 친한 관계이기 때문입니다. 그러니 무언가 알 것 같고 할 수 있을 것 같다는 착각에 빠지고 맙니다. 우리나라에서 이런 실패가 잘 일어나지 않는 유일한 곳이 바로 제주도입니다. 렌터카가 훨씬 많은 그곳에선 대부분의 자동차와 운전자가 친하지 않습니다. 그들은 자동차에 이상이 있으면 바로 보험사에 전화를 걸어 더 큰 실패를 미리 방지합니다.

인간은 영원히 끝나지 않을 일을 1초 안에 마무리 짓는 엄청난 힘인 메타인지를 가지고 있습니다. 하지만 한편으로는 무언가에 익숙해지면서 스스로에게 속아 실패를 하기도 합니다. 그리고 이 실패는 우리 실패의 절반에 가깝습니다.

지금부터 메타인지의 실체를 파악하기 위한 간단한 테스트를 해보겠습니다. '커닝'이라고 크게 다섯 번만 외쳐보세요.

"미국의 초대 대통령은 누구일까요?"

정답은 워싱턴입니다. 링컨이라고 대답했다면 메타인지에게 속은 것입니다. 이번에는 '다섯 개'라고 크게 네 번만 외쳐보세요.

"리어카의 바퀴는 몇 개일까요?"

네 개라고 대답했다면 이번에도 실패입니다. 리어카의 바퀴는 두 개입니다.

이처럼 우리가 무언가에 5초만 친숙함을 느껴도 메타인지는 고집을 부립니다. 머릿속에서 첫 번째로 떠오르는 생각을 틀렸다고 가정하지 않는 것입니다. 우리가 세상을 살면서 5초 이상 익숙해진 것은 무수히 많습니다. 그래서 그 익숙함에 속아 우리 인간은 실패를 반복합니다.

낯설게 보기

하지만 능력과 실패라는 동전의 양면 같은 메타인지를 한번 건드려주는 것만으로도 우리는 엄청난 변화를 경험할 수 있습니다. 평범한 초등학교에 가서 3학년 1반부터 4반까지 똑같은 재료를 주고 30분간 똑같은 일을 시킵니다. 그러면 네 반 모두 비슷한 결과물이 나옵니다. 하지만 각 반에 들어갈 때마다 말의 간격과 시간의 순서를 살짝 건드리는 것만으로도 비등비등해 보이는 각 반의 아이들의 창의력을 얼마든지 끌어올릴 수 있습니다.

우선 1반에 가서 그림과 같은 다양한 형태의 도형을 주고 각자 마음에 드는 것 다섯 개를 골라 새롭고 신기한 것을 만들어보라고 합니다. 그러면 아이들은 독특한 형태의 도형에는 눈길도 주지 않습니다. 뒷감당이 되지 않을 것을 알기 때문입니다. 가장 기본적인 도형들을 고른

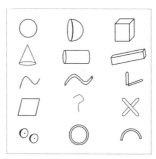

——아이들에게 제시한 다양한 형태의 도형들

뒤 남자아이들은 대부분 자동차를, 여자아이들은 집을 만듭니다. 창의성이나 새로움이 전혀 없는 결과물만 나옵니다.

이번에는 2반에 가서 말의 간격만 살짝 벌려줍니다. 마음에 드는 것 다섯 개를 고르라는 말만 하고 교실을 나갑니다. 그러면 아이들

의 취향이 보입니다. 1반 아이들은 잘 고르지 않았던 특이하고 재미있는 형태의 도형을 제각각 고릅니다. 그때 다시 교실로 들어가 지금 고른 것으로 새롭고 신기한 것을 만들라고 합니다. 한숨을 쉬거나 곤란한 표정을 짓는 아이들이 보이지만 서로 다른 깃을 골랐기 때문에 비슷한 결과물은 나오지 않습니다. 게다가 자기가 좋아하는 것을 가지고 만들기 때문에 만드는 과정도 즐겁습니다.

3반에서는 도형을 커튼 뒤에 가려놓고 보여주지 않습니다. 그리고 1반과 2반에서 했던 말의 순서를 거꾸로 합니다. 먼저 새롭고 신기한 것을 만든다면 무엇을 만들지 물어보는 것입니다. 질문을 들은 아이들은 매우 용감해집니다. 지구 평화를 지키는 로봇, 기름이 필요 없는 자동차, 영원히 충전하지 않아도 되는 휴대전화 등 아이들이 이야기한 것만으로도 최소 300년은 세계를 지배할 수 있을 것처럼 상상력이 폭발합니다. 이야기를 들은 다음 커튼을 올리고 조금 전에 너희들이 말한 것을 여기 있는 도형 다섯 개를 골라 만들어보라고 합니다.

4반에서는 3반과 같은 과정을 거친 뒤 다섯 개를 고른 아이들에게 옆 사람이 고른 것과 바꾸라는 하나의 과정을 추가합니다. 이런 난감한 상황에서 평범한 초등학교의 3반과 4반 아이들이 만든 결과물은 매우 창의적입니다. 같은 연령대이면서 세계 창의력 올림피아드에 우리나라 대표로 출전해 금메달을 딴 아이들에게 1반과 2반에서 했던 방식으로 실험을 진행해 만든 결과물보다 창의력 점

어쩌다 어른

수가 월등히 높은 경우가 허다합니다. 이것이 메타인지의 힘입니다.

우리는 능력이 있다는 것을 머리가 좋은 것과 같다고 여깁니다. 머리가 좋은 것은 IQ가 높은 것이라고 합니다. 메타인지는 IQ보다 훨씬 무서운 능력입니다. 그리고 우리는 얼마든지 스스로 타인의 메타인지와 자신의 메타인지까지 발전시킬 수 있습니다.

이 실험을 통해 얻은 교훈이 있습니다. 너무도 평범했던 1반 아이들은 자신이 무엇을 할지 정하지 않은 상황에서 다른 사람이 과제와 함께 도구를 주었습니다. 아이들은 가장 익숙한 방식으로 과제를 해석했습니다. 2반 아이들 역시 무엇을 할 것인지 스스로 정하지는 않았지만 자신의 취향에 맞는 도구를 사용했기에 창의성을 보여주었습니다. 엄청난 창의력을 보인 3반과 4반 아이들은 꿈, 즉 목표를 먼저 만들었습니다. 거창한 목표를 말하거나 생각한 뒤에 다른 아이들과 마찬가지로 일상적인 도구를 받았습니다. 이때 그들이 과제를 완수하기 위해 할 수 있는 유일한 일은 무엇일까요? '도구를 낯설게 보는 것'입니다. 인류는 지금까지 이런 방식으로 점점 더 똑똑해졌고 발전을 거듭해 왔습니다.

그런데 우리는 여기서 또 한 번 큰 착각을 합니다. 인간은 거창한 꿈을 꾸면 그 꿈을 실현하기 위한 도구나 재료, 행위도 거창해야 한다고 생각합니다. 이런 착각은 일상에서도 흔히 일어납니다. 가령 주사위나 윷을 던질 때 큰 숫자가 나와야 하거나 윷이나 모가 나와야 할 때 우리는 큰 목소리와 큰 동작을 곁들여 높이 던집니다. 반대로 작은 숫자나 도, 개가 나와야 할 때는 조심조심 낮게 던집니다. 자신의 목표와 행동의 크기를 일치화시키는 것입니다. 심리학자들은 이를 가리켜 '착각적 통제감'이라고 말합니다.

하지만 3반, 4반 아이들은 거창한 목표를 가졌지만 도구는 평범했습니다. 우리가 살아가면서 사용해야 할 도구 역시 일상적인 것이 대부분입니다. 사실 스마트폰 발명은 작은 변화에서 시작되었습니다. 우리 인류의 수많은 혁신 역시 작은 변화로부터 시작되었습니다. 즉 도구는 일상적이지만 메타인지를 통해 낯설게 보는 것이 중요합니다. 그때 비로소 인간은 지혜로워지는 것입니다.

실제로 메타인지가 무언가를 낯설게 보지 않고 익숙하다고 여기는 순간 우리는 함정에 빠지게 됩니다. 인간의 역사를 살펴봐도 우리가 그 대가를 많이 치렀음을 알 수 있습니다. 제임스 와트James Watt가 증기기관을 만들었을 때 당시 운송수단을 설계하던 최고의 전문가들에게 증기기관을 가지고 새로운 운송수단을 만들라는 주

——마차도 증기기관차도 아닌 실패작

문을 했습니다. 그 결과는 참담했습니다. 당시 운송수단을 만들던 전문가들이 증기기관을 손에 쥐기 전까지 가장 익숙했던 것은 마차였습니다. 그들은 인류사를 바꿀 새로운 물건을 가지고도 낯설게 보지 않고 자신에게 익숙했던 것에만 미련을 둔 나머지 마차도 아니고 증기기관차도 아닌 실패작을 만들어냈습니다. 실제로 말도 안 되는 설계 때문에 많은 기관사가 목숨을 잃었다고 합니다.

한 가지 사례를 더 살펴보겠습니다. 세계 최초의 연필은 1565년에 발명됐습니다. 연필은 지울 수 있다는 점에서 매우 혁신적인 필기구입니다. 그런데 놀랍게도 지우개는 1770년이 되어서야 발명됩니다. 연필을 발명해 놓고도 무려 200년이 넘도록 지우지 못하고 조심히 써 온 것입니다. 더 가슴 아픈 것은 연필과 지우개, 이 두 가지가 만나는 데에만 100년이 더 걸렸다는 사실입니다. 우리는 무언가에 익숙해지면 이렇듯 대가를 치르게 되어 있습니다. 그렇다면 메타인지를 통해 인간의 지혜는 무엇이며 지금의 상태를 유지하면서 삶의 질과 생각의 질을 좋게 만들 방법을 알아보겠습니다.

우리는 모두 지혜를 가지고 있다, 활용하지 못할 뿐

1930년대 활동한 카를 던커Karl Duncker라는 심리학자가 있습니다. 그는 인간이 풀기 어려워하는 문제를 만들기 좋아했습니다. 그가 만든 문제의 대부분은 사람의 생각이 얼마나 굳어 있으며, 생각의 고착과 지혜가 얼마나 큰 연관성이 있는지를 이야기해 줍니다. 그가 만든 문제 중 하나를 제시해 보겠습니다.

위에 악성 종양이 있는 환자가 있습니다. 그런데 내시경이나 개복수술이 불가능한 환자입니다. 유일한 치료법은 죄근에 개발한 레이저를 몸 바깥에서 안쪽으로 쏘는 것입니다. 문제는 레이저로 위의 종양을 제거하면서 중간의 다른 신체 조직도 파괴되어 종양을 제거하는 의미가 없다는 것입니다. 그렇다고 다른 조직을 손상시키지 않을 정도로 레이저를 약하게 쏘면 종양이 제거되지 않습니다. 이때 어떻게 문제를 해결할 수 있을까요?

정답은 약한 레이저를 여러 군데에서 쏘는 것입니다. 레이저 하나하나는 모두 약하지만 여러 곳에서 쏘아댄 레이저가 위장에서 하나로 합쳐지면 다른 신체 조직을 손상시키지 않으면서 종양을 제거할 수 있습니다. 돋보기 하나로는 종이만 태울 수 있지만 여러 개의 돋보기로 나뭇가지를 태우는 것과 같은 원리입니다. 우리나라 대학뿐 아니라 외국의 수많은 대학에서도 이 문제를 해결하는 학생들의 비율은 단 10%에 불과합니다. 재미있는 것은 강연을 앞두고 학생들에게 여러 방향에서 병력을 분산해 동시에 요새를 공격해서 함락시키는 3분짜리 동영상을 보여주었을 때의 결과입니다. 동영상을 다 본 뒤 10분쯤 지났을 무렵 학생들에게 레이저로 종양을 정리하는 문제를 내면 30%가 문제를 해결합니다. 70%는 여전히 문제를 풀지 못합니다. 이때 "수업 시작하기 전에 본 동영상이 힌트다"

라는 한마디만 더하면 전원이 문제를 해결합니다.

이것이 바로 불과 20년 전에 심리학자들이 알아낸 지혜와 지식의 차이입니다. 지식은 어떤 문제를 해결할 때 새로 배워서 해결하는 것입니다. 반면 지혜는 문제를 해결하는 결정적 단서가 이미 내 머릿속에 있지만 다른 영역에 있기에 그걸 가져와서 해결하는 것입니다. 세계 최고의 명문대 학생이라도 70%는 지혜가 아닌 지식으로만 해결하려다 실패하고 맙니다. 인간은 20대가 넘어가면 인생에서 만나는 수많은 문제에 관한 답을 이미 알고 있습니다. 다만 다른 영역에 있기 때문에 충분히 응용하지 못하는 것일 뿐입니다. 그것을 가져다 쓰면 엄청난 일들이 우리 안에서 벌어집니다. 메타인지의 비밀이 여기에 있습니다.

설명을 시작할 때 우리는 지혜로워진다

그렇다면 우리는 얼마나 지혜로워질 수 있고, 얼마나 뛰어날 수 있을까요? 수년 전 EBS에서 〈학교란 무엇인가〉라는 다큐멘터리를 제작하면서 전국 상위 0.1% 고등학생의 비밀을 밝히고자 했습니다. 여기에 비하인드 스토리가 존재합니다. 당시 제작진은 학생들의 IQ, 기억력, 연산력, 부모님의 학력과 소득, 사는 지역, 특목고 여부 등 많은 것을 비교하였는데 특별한 차이점을 발견하지 못했습니다. 이대로라면 상위 0.1%의 비밀은 없는 상황이었습니다. 제작진과 마주 앉아 이걸 어떻게 풀어나갈까 고민하던 중 떠오른 게 메타인지였습니다.

가령 20개의 단어를 제시합니다. 그러면 15개를 기억하는 아이가 있고 12개를 기억하는 아이도 있습니다. 중요한 것은 단순한 기억력이 아니라 메타인지입니다. 메타인지는 20개의 단어를 기억하기 전에 자신이 몇 개를 기억할 수 있는 가를 예측하는 것입니다. 자신의 기억을 보는 눈이죠. 15개를 기억할 수 있을 것이라 예측한 아이가 12개를 기억한다면 예측과 결과가 실제로 3개 차이 나는 것입니다. 만일 10개를 기억할 수 있을 것이라 예측한 아이가 정확히 10개를 기억한다면 다른 친구보다 기억은 2개 덜하지만 예측과 실제의 차이는 0인 것입니다. 평범한 아이들은 기억력 점수도 낮지만 메타인지 차이가 중구난방입니다. 그런데 0.1%의 아이들은 메타인지 차이가 거의 없습니다.

이 차이가 만들어지는 이유를 묻는 제작진에게 저는 세상에는 두 가지 종류의 지식이 있다는 말로 설명을 대신했습니다. 첫 번째는 내가 알고 있다는 느낌은 있지만 남에게 설명하지는 못하는 지식입니다. 두 번째는 내가 알고 있다는 느낌도 있고 남에게 설명할 수도 있는 지식입니다. 첫 번째는 메타인지에 속고 있는 것이고, 두 번째만 나의 지식이라 할 수 있습니다.

설명을 들은 제작진은 바로 0.1%의 아이들이 학교생활에서 다른 아이들에 비해 무엇을 많이 하는지 살펴보았습니다. 예측대로 아이

어쩌다어른

들은 친구들에게 설명을 많이 해줬습니다. 친구들의 질문에 설명하면서 말문이 막히는 횟수를 살펴보니 대략 12번 정도였습니다. 말문이 막힌다는 건 자신이 모른다는 사실을 몰랐던 지점입니다. 즉 아이들은 설명 도중 자신이 몰랐던 부분의 지식을 한 시간에 12번씩 습득한 것입니다. 그러니 상위 0.1%가 될 수밖에 없습니다.

또 다른 연구진이 알아낸 상위 0.1% 수재들의 비밀은 평범한 아이들보다 착하다는 것이었습니다. 관건은 설명을 누구까지에게 하느냐에 있었습니다. 이들은 전교 꼴찌가 찾아와 물어도, 전교 2등인 라이벌이 찾아와 물어도 친절하게 설명해 주었습니다. 그렇다면 전교 2등과 꼴찌 중 누구에게 설명하는 것이 더 어려울까요. 사람은 자신과 비슷한 수준의 사람에게 설명할 때보다 자신보다 수준이 낮은 사람에게 설명할 때 메타인지를 더욱 강하게 점검 당합니다. 착하기 때문에 다양한 사람들에게 자신이 아는 것을 설명하고 그 과정에서 스스로의 지식을 점검하면서 실력이 향상되는 것입니다. 인간이 이타적이어야 하는 이유가 바로 여기 있습니다.

이 아이들은 학교뿐 아니라 집에서도 설명을 이어갑니다. 실제로 꽤 많은 아이들이 공부하다가 정리가 필요하면 아무렇지도 않다는 듯 엄마를 불러 그동안 공부한 것을 설명했습니다. 이는 과연 단순히 전교 1등 아이들만의 이야기일까요? IT의 본산 실리콘밸리, 금융의 중심지 월스트리트, 자연과학의 산실 독일 막스 플랑크 등 모든 분야를 통틀어 뛰어난 업적을 발휘하는 사람들의 차별화된 공통점 역시 설명하는 습관이었습니다. 그들의 IQ나 부모님의 학력, 소득과 같은 개별적 능력과 인구통계학적 수치는 별다를 게 없습니다. 다만 자신의 일과 무관한 사람을 앞에 둬도 자신이 하는 말을 알아들을 수 있게 설명하는 능력을 가졌습니다. 그건 곧 사신이 습득한 지식에 관해 완전히 알고 있다는 뜻이기도 합니다. 실제로 비전문가에게 설명할 때 우리의 지식 응용력은 비약적으로 향상합니다.

우리는 종종 어린아이도 알아들을 수 있도록 쉽게 설명하는 것이 능력이라고 말합니다. 세계 최초로 디지털카메라를 개발한 스티븐 새슨Steven Sasson은 실제로 어린아이에게 필름이 무엇인지 설명하는 과정에서 위대한 발견을 했습니다. 그는 아이가 이해하기 쉽도록 필름의 정의를 이미지를 담는 그릇이라고 설명했습니다. 그 순간 그에게 또 다른 그릇이 보이기 시작했습니다. 바로 렌즈 옆에 붙어 있는 카세트테이프였습니다. 렌즈로부터 나오는 이미지가 꼭 필름으로만 갈 필요 없이 카세트테이프로도 갈 수 있다는 생각을 하면서 디지털카메라 개발에 가속도가 붙었습니다. 우리 인류사의 수많은 발명과 발전은 쉽게 설명하면서 낯설게 보는 과정에서 새로운 발상의 전환을 통해 일어났습니다.

20세기 최고의 물리학자 중 한 사람인 리처드 파인만Richard Feynman은 "아무리 뛰어나고 완벽해 보이는 이론이라도 대학교 1학년짜리 신입생에게 설명했을 때 알아듣지 못한다면 아직은 완벽하지 않다"라고 이야기했습니다. 우리가 다양한 사람을 만나 대화하고 설명하는 과정에서 자신의 메타인지를 점검받을 때 우리의 능력은 발전하고 생각의 융합을 통해 지혜로운 통찰이 가능해집니다.

우리는 같은 시간을 서로 다르게 느낀다

지금까지 지혜로워지기 위해 메타인지를 이용하는 방법을 이야기했다면 이번에는 인간의 욕망을 이용해 지혜로워지는 방법을 이야기하려 합니다. 인간의 욕망은 '접근의 욕망'과 '회피의 욕망'이라는 굉장히 단순한 구조를 가지고 있습니다. 접근의 욕망은 내가 좋아하는 것에 가까워지거나 좋은 걸 갖기 위한 욕망이며 회피의 욕망은 싫어하는 것을 피하거나 막아내려는 욕망입니다. 심리학자들은 이를 가리켜 '접근 동기'와 '회피 동기'라고 부릅니다. 동기가 곧 열망인 것입니다.

앞에서 우리는 메타인지로 인해 실수를 반복한다는 것을 알게 되었습니다. 접근 동기와 회피 동기 역시 제대로 활용하지 못하면 우리는 또다시 실수를 반복하게 됩니다. 접근 동기와 회피 동기를 구분하기 위해서는 먼저 '시간'을 생각해야 합니다. 어떤 일은 오랜 시간을 두고 해야 먼 미래에 결실을 맺을 수 있습니다. 이때는 접근 동기를 자극합니다. 무슨 일이든 오래 하게 만들려면 좋아하고 사랑하는 것이 무엇인지 찾아야 그것을 이룩하기 위한 설득으로서의 효과가 있고 좋은 결과를 얻을 수 있습니다. 반대로 지금 당장 움직여서 빠른 시간에 결과를 봐야 할 때는 회피 동기를 자극합니다. 무엇을 싫어하고 무서워하는지를 찾아서 그것을 피하기 위해 열심히 해야 한다고 설득해야 일의 효율성이 높아집니다.

심리학자들이 수많은 시행착오와 연구를 통해 깨달은 이런 엄청난 사실을 스스로 알아낸 곳이 있습니다. 바로 보험회사입니다. 그들이 선전하는 은퇴 설계 광고는 대부분 은퇴 이후의 먼 미래를 보여주면서 보험금을 통한 편안한 노후가 가능하다고 이야기합니다. 이런 삶에 접근하고 싶어 하는 사람들의 접근 동기를 자극하는 것입니다. 반대로 지금 당장 움직이는 게 중요한 실손보험은 치과에 가서 영수증을 보고 놀라거나, 사과를 깨물었는데 피가 묻어나오는 등의 부정적인 이미지를 전달합니다. 물론 회피 동기를 건드리는 것입니다. 오랜 시간이 필요한 것은 접근 동기를, 당장 중요한 일은 회피 동기를 자극하는 것은 이미 널리 쓰이는 방식입니다.

문제는 사람과 사람 사이에서는 길고 짧음이 이렇게 간단한 문제가 아니라는 사실입니다. 같은 시간이라도 사람에 따라 얼마든지 다르게 느낄 수 있기 때문입니다. 이런 일이 얼마나 비일비재한지 예를 들어보겠습니다. 고등학교 1학년 아이가 열심히 공부해 대학에 들어가기 위해서는 최소한 3년을 공부해야 합니다. 17세 아이에게 3년이라는 시간은 너무도 긴 시간입니다. 책상 앞에 앉아 있으면서 두 달 정도 시간이 흐른 것 같은데 겨우 2교시가 끝난 경험은

어쩌다 어른

누구에게나 있습니다. 그런데 40대 혹은 50대일 아이의 엄마에겐 3년이란 시간은 쾌속 질주처럼 빠르게 흘러갑니다. 전국의 부모님들이 자기 아이에게 낙오자가 되지 않으려면 공부해야 한다는 회피 동기를 건드려서 공부해야 하는 이유를 설명하는 이유가 여기에 있습니다. 하지만 3년이란 시간이 너무도 긴 아이들에게 회피 동기를 건드리는 방식은 통하지 않습니다.

이런 상황을 잘 보여주는 사회적 현상이 있습니다. 몇 해 전 인터넷 커뮤니티에 재미있는 급훈이라고 올라온 글이 있습니다.

'30분 더 공부해라. 미래 배우자의 얼굴이 바뀐다.'

어른들은 유치하다고 했지만 아이들은 열광했습니다. 3년 동안 매일 30분씩 더 공부하면 미래의 아내가 설현, 미래의 남편이 송중기가 된다는 건국 이래 최초로 자신들의 접근 동기를 건드리는 급훈이 나온 것입니다. 반대로 전국의 아이들이 치를 떨었고 어른들은 만족했던 급훈도 있습니다.

'잠은 죽어서 자라.'

회피 동기형 급훈의 지존이라고 할 수 있습니다. 이 급훈을 만든 선생님은 아이들이 열심히 공부해서 대학에 진학했으면 하는 급한 마음에 고등학교 생활 3년을 하루처럼 짧게 느낀 것입니다. 하지만 아이들의 입장에서는 3년은 영원에 가깝고, 급훈을 영원히 잠을 자지 말라는 것처럼 받아들입니다.

지금 당장 해야 할 일은 하면 좋은 일이라기보다는 안 하면 안

급 훈

열심히 공부하면
배우자 얼굴이 바뀐다

——학생들의 접근 동기를 자극하는 적절한 급훈

되는 일들입니다. 이런 일들은 좋은 걸 가져오기보다는 나쁜 결과를 막아내기 위한 성격이 더 강합니다. 말 그대로 회피 동기인 것입니다. 이때 접근 동기를 건드리면 될 일도 되지 않습니다. 길게 가는 것은 접근 동기이고 지금 당장은 회피 동기라는 단순한 공식만 기억하면 됩니다. 그런데 지금도 전 세계 수많은 CEO와 리더, 부모님, 선생님들이 이를 거꾸로 이용하고 있습니다. 그 결과는 실패와 갈등입니다. 만일 누군가와 갈등을 겪고 있거나 협조가 잘 되지 않는다면 일의 종류나 사안보다 더 중요한 것을 확인해야 합니다. 바로 그 사람과 내가 같은 시간을 다른 길로 느끼고 있는 것은 아닌가 하는 것입니다. 이것만 파악해도 갈등이나 이슈가 쉽게 해결되는 경우가 많습니다.

어쩌다 어른

Like와 Want는 완전히 다르다

우리는 무언가를 원할 때가 있고, 무언가를 좋아할 때가 있습니다. 지금까지 두 가지를 거의 같은 것이라 생각해 왔습니다. 누군가 무엇을 원하면 좋아해서 그런 것이고, 무엇을 좋아하면 원하는 것이라고 배웠습니다. 그런데 'Like'와 'Want'는 완전히 다릅니다. 원한다는 뜻의 Want는 회피 동기의 시그널입니다. 내가 그것을 가지고 있지 않은 상태가 불편하다는 것입니다. 그 불편한 상태로부터 벗어나고 싶다는 뜻이죠. 반대로 Like는 접근 동기의 시그널입니다. 이 두 가지를 제대로 확인하지 않으면 우리는 다른 사람과의 관계에서, 그리고 일상에서 많은 것을 낭비할 수 있습니다.

저와 저보다 더 똑똑한 사람의 실패담을 하나씩 이야기해 보겠습니다. 작년 어린이날 늦둥이 둘째를 데리고 놀이공원에 갔습니다. 들어가자마자 또래 아이들이 전부 풍선을 하나씩 가지고 있는 모습을 본 아이는 자기만 풍선을 가지고 있지 않다는 사실이 불편해졌습니다. 회피 동기가 생긴 겁니다. 곧바로 강력한 Want를 표시했습니다. 다시 말해 풍선을 사달라고 드러누운 것입니다. 어쩔 수 없이 무려 2만 1,000원을 주고 풍선을 사서 아이 손에 안겨주었습니다. 의외로 아이는 좋아하지 않고 편안해했습니다. 거기까지는 괜찮았습니다. 그런데 15분도 지나지 않아 앞서 걸어가는 제 뒤통수에 대고 아이가 불길한 말을 했습니다.

"아빠 팔 아파요."

사람이 많아 아이가 세 번쯤 말할 때까지 저는 잘 듣지 못했습니다. 팔이 아프다고 네 번째 말하면서 드디어 아이가 짜증을 냈습니다. 그제야 제가 뒤돌아봤는데 이미 풍선은 하늘로 올라가고 있었습니다. 제겐 2만 1,000원이 하늘로 사라지는 것 같았습니다. 제가 이런 바보 같은 상황에 빠진 건 아이의 Want와 Like를 구분하지 못했기 때문입니다. 아이가 풍선에 대해 충족하고 싶었던 건 회피 동기뿐이었습니다. 나만 풍선이 없다는 상황을 피하고 싶었던 거죠. 풍선을 좋아하는 접근 동기는 없었습니다. 그러니 풍선이 없다는 상황에서 빠져나온 다음에는 풍선과 오랜 시간을 함께할 필요를 못 느낍니다. 심지어 이제는 또 다른 회피 동기가 생깁니다. 풍선을 들고 다니면 팔이 아프다는 겁니다. 결국 제 아이는 15분도 안 돼서 풍선을 놓아버렸습니다. 만일 제가 접근 동기와 회피 동기에 기반을 둬 Want와 Like를 따로따로 확인했더라면 큰돈을 쓰지도, 아이를 미워하지 않아도 됐을 것입니다.

다행스러운 것은 세계적으로 인정받은 뛰어난 사람들도 이런 착각을 많이 한다는 사실입니다. 애플이 2000년에 내놓은 컴퓨터 파워맥 G4 큐브의 디자인은 정말 모던하고 아름답습니다. 당시 사람들이 넋을 놓고 쳐다보면서 Like를 표시했습니다. 그런데 이 컴퓨터는 애플 역사상 가장 안 팔린 제품 중 하나입니다. 많은 사람들이 Like했지만 누구도 Want하지 않았던 거죠. 이 역시 접근 동기와 회

어
쩌
다
어
른

피 동기 때문입니다. 아무리 접근 동기가 많아서 Like한다고 해도 회피 동기가 충족되지 않으면 Want까지 가지 않는 것입니다.

회피 동기는 일어나서는 안 되는 일을 막아내는 것입니다. 그런데 G4 큐브에는 일어나서는 안 되는 일이 일어났습니다. 전원을 누르면 돌아가야 할 쿨러팬이 없습니다. 디자인의 극대화를 위해서였습니다. 덕분에 컴퓨터의 발열이 극심해 이 제품을 좋아하지만 원하지는 않게 된 것입니다. 재미있게도 사람들은 지금도 G4 큐브를 Like하고 있습니다. 접근 동기는 오래 가기 때문입니다.

이 관점으로 보면 굉장히 재미있게 광고하는 제품이 하나 보입니다. 바로 코카콜라입니다. 심리학적으로 영특한 회사 중 하나라 할수 있는데요. 콜라는 주로 여름에 마십니다. 여름에 Want하는 제품입니다. 이 회사가 여름에 내보내는 광고는 탄산음료, 청량음료

——소비자의 Like만 건드리는 코카콜라의 겨울 광고

라는 정체성을 최대한 드러냅니다. 목젖이 따끔할 정도로 시원하게 마시면서 '아르르르' 감탄사를 내뱉는 장면은 익숙합니다. 그러면 여름으로부터 가장 멀리 떨어진 계절인 겨울의 광고는 어떠할까요? 북극곰이 느릿느릿하게 걸어옵니다. 그 뒤로 폭죽 하나가 소박하게 터지면서 코카콜라 로고가 등장하고 광고가 끝납니다. 인지심리학자의 눈에 이 광고는 소비자의 Like만 건드리겠다는 뜻으로 보입니다. 이렇게 심리학적으로 이해도가 깊은 기업들은 우리도 모르는 사이에 이런 실천의 원리를 구현해 나가고 있습니다.

감동은 좋아하는 것을 오래 기억해 줄 때 탄생한다

접근 동기와 회피 동기는 다른 말로 '나'와 '우리'로 표현할 수도 있습니다. 영문법을 공부할 때 자아와 관련된 인칭대명사를 1인칭이라고 배웠습니다. 1인칭 대명사에는 단수와 복수가 있습니다. 단수는 '나', 복수는 '우리'입니다. 제가 수업에 들어가 교실에 있는 학생 절반에게 지난 1년간 너희들에게 일어났던 일을 30분 동안 써보라는 과제를 냈습니다. 그러면 학생들은 주인공이 돼서 글을 씁니다. 나머지 절반의 학생들에게는 너희 가족에게 지난 1년간 일어난 일을 써보라고 합니다. 이 친구들 입장에선 주인공이 우리입니다. 30분 후, 양쪽 모두에게 같은 질문을 던집니다.

"너희는 어떤 삶을 살고 싶니?"

가치를 물어보는 것입니다. 그러면 '나'를 주인공으로 글을 쓴 친구들은 대부분 행복, 기쁨, 만족, 성취, 감동과 같은 이야기를 합니다. 자신이 좋아하는 것, 즉 접근 동기를 말하는 거죠. 반면 '우리'를 주인공으로 쓴 친구들은 놀라운 차이를 보입니다. 절대다수가 안전과 평화에 관해 말합니다. 이는 좋은 일이 벌어진 상황이 아니라 나쁜 것이 많아지는 상황에서 나올 수 있는 대답입니다. 안 좋은 일이 성공적으로 일어나지 않길 바라는 회피 동기의 표현이죠. 이렇게 나와 우리는 각각 접근 동기와 회피 동기를 자극하는 자아입니다.

일상생활에서 상대가 "너 뭐 먹을래?"라고 물어보면 우리는 별다른 생각 없이 자연스럽게 자신이 좋아하는 음식을 떠올리고 말합니다. 하지만 회식이나 모임에서 "우리 뭐 먹을까?"라고 하면 욕먹지 않을 만한 무난한 장소를 고릅니다. 그래서 우리 모두는 회식할 때만 가는 식당이 따로 있습니다. 이렇게 회피 동기를 잘 자극하는 '우리'라는 개념을 전 세계에서 가장 좋아하고 많이 쓰는 나라가 있습니다. 바로 우리나라입니다. 우리 집, 우리 엄마, 우리 회사, 우리 사회…. 이렇듯 우리나라는 회피 동기 사회입니다. 회피 동기가 강한 사람들은 다른 사람들과의 관계에서 상대가 싫어하는 것을 많이 알고 있습니다. 우리나라 사람들은 상대가 무엇을 싫어하는지는 귀신같이 알고 있지만 좋아하는 것은 잘 알지 못합니다.

초등학교 2학년 아이에게 엄마가 싫어하는 일을 써보라고 하면

'양말 아무 데나 벗어 놓기, 이 안 닦기, 게임 많이 하기…' 등을 홀린 듯이 써 내려갑니다. 반대로 좋아하는 것을 써보라고 하면 '공부'라는 단 두 글자만 적어놓고 멀뚱멀뚱 앉아 있습니다. 중학교 3학년으로 갑니다. 950명에게 아빠가 제일 좋아하는 음식 다섯 가지를 써내라고 했습니다. 그리고 실제로 아빠들에게 좋아하는 음식 다섯 가지를 물어봤습니다. 놀랍게도 두 가지 이상 맞춘 아이가 겨우 7명이었습니다. 더욱 가슴 아픈 사실은 350명 정도가 다섯 가지를 다 채우지도 못했다는 결과였습니다. 이렇듯 우리나라는 다른 사람이 싫어하는 것은 잘 알면서 좋아하는 것은 전혀 알지 못합니다.

이로 인해 상대가 싫어하는 것을 내가 막거나 없애면 좋아할 것이라는 착각이 빈번히 일어납니다. 많은 기업 역시 고객이 원하는 것, 고객의 니즈를 파악하기보다 고객이 싫어하는 것부터 파악하는 실수를 저지릅니다. 고객의 접근 동기가 아닌 회피 동기를 파악하는 것만으로는 고객 감동을 이뤄낼 수 없습니다.

상대로부터 감동을 이끌어내기 위해서는 꼭 필요한 것이 있습니다. 오랜 시간이라는 개념입니다. 긴 시간, 긴 거리, 긴 공간이라고 하는 무언가가 들어 있어야 사람들은 감동합니다. 아무리 거창한 선물이라도 현재형으로 짧은 시간에 전달된다면 놀랍고 기쁘긴 해도 감동까지 하진 않습니다. 결국 접근 동기의 핵심은 오랜 시간을 통해 이루어집니다. 아무리 사소한 것이라도 내가 좋아하는 것을 상대가 오랜 시간 기억해 준 것을 알았을 때 우리는 감동합니다.

어쩌다 어른

몇 해 전 길을 걷다 우연히 25년 만에 대학을 함께 다녔던 친구를 마주쳤습니다. 여자친구도 아니고 친구도 아니었던 미묘했지만 좋은 추억이 많은 관계였습니다. 반갑게 인사를 나누고 소식을 묻던 중 문득 그 친구에게 "너 아직도 녹색 블라우스 좋아하는구나"라고 말했습니다. 친구는 자신이 초록색을 가장 좋아했다는 걸 제가 기억한다는 사실을 너무도 기뻐했습니다. 그 친구에게 삶의 활력소가 되는 감동을 준 것이죠. 접근 동기와 회피 동기, 둘 중 하나만 적절히 매치시키면 우리는 굉장히 큰 삶의 개선 효과를 가질 수 있게 됩니다.

월드컵이나 프리미어 리그 경기에서 세계 최고의 축구 선수들이 모여 종종 승부차기를 할 때가 있습니다. 이때 의외로 선수들이 실축, 다시 말해 실수를 해서 골을 넣지 못하는 경우가 많습니다. 선수들의 킥 속도와 숙련도, 그리고 골키퍼의 반응 능력을 고려하면 페널티킥은 99% 이상 들어가야 한다고 합니다. 하지만 무려 30% 정도의 선수가 실축을 합니다. 회피 동기 때문이죠. 그런데 순간적으로 이 회피 동기에서 벗어나 예상 성공률을 뛰어넘는 경우가 있습니다. 이 골을 넣어야 우리 팀이 이기는 동시에 경기가 끝나는 상황입니다. 이때는 접근 동기가 내가 능숙한 일을 더 잘할 수 있도록 만들어줍니다.

인간은 늘 많이 연습하고, 훈련하고, 노력하는 존재입니다. 하지만 그것들을 제대로 정확하게 해내고 싶을 때 적절한 만큼의 접근 동기를 가지고 있지 않아 할 수 있음에도 못 하는 경우가 많습니다. 접근 동기는 내가 좋아하는 것과 관련이 있습니다. 그래서 접근 동기가 강한 사람들은 기본적으로 좋아하는 것이 많습니다. 위시 리스트가 긴 사람들입니다. 우리는 많은 것들을 바라고, 소망하고, 이뤄내야 합니다. 소망하는 것이 적은 사람들은 회피 동기로만 이 세상을 살아갈 수밖에 없습니다. 물론 일어나서 안 되는 일을 막는 회피 동기는 중요합니다. 하지만 접근 동기를 통해 일어나야 할 일들, 일어나면 좋은 일들, 내 소망과 관련된 일들을 이뤄내는 자신의 모습을 확인해 보기 바랍니다.

지금까지 이야기한 내용으로 우리 인간이 두 가지를 통해 지혜로워질 수 있다는 사실을 확인할 수 있습니다. 첫째, 메타인지입니다. 나보다 못한 사람, 훨씬 어린 사람에게 내가 아는 무언가를 설명하는 과정을 통해 지혜로워질 수 있습니다. 둘째, 접근 동기와 회피 동기의 스위치를 조절하는 것입니다. 우리는 일을 하든, 공부를 하든, 대화를 하든 일상의 수많은 상황에서 접근 동기가 필요할 때 회피 동기를 사용하거나 회피 동기가 필요할 때 접근 동기를 사용하는 실패를 맛봅니다. 이때 잘못 사용한 동기의 스위치를 돌리는 작은 변화만으로도 큰 변화를 맞이할 수 있습니다.

어쩌다 어른

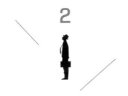

생각 사용설명서

| 김 경 일 |

에드거 앨런 포Edgar Allan Poe의 단편소설 《도둑맞은 편지》에서 왕비는 비밀스러운 편지를 도둑맞게 됩니다. 곤경에 빠진 왕비는 사설탐정인 뤼팽에게 편지를 찾아달라고 의뢰를 하는데, 아무도 찾지 못한이 편지를 뤼팽은 손쉽게 찾아냅니다. 은밀하게 숨겨두었을 것이라생각한 편지는 누구나 쉽게 볼 수 있는 편지꽂이에 허술하게 꽂혀있었던 것입니다. 왜 이런 현상이 일어났을까요?

우리가 선택적인 집중을 하면 시야에 맹점이 생기고 가까운 곳에 있는 것조차 찾지 못하는 착각에 빠진다고 합니다. 이런 착각의늪에서 헤어나올 방법은 무엇일까요? 사실 인간은 생각에 대해 잘알지 못합니다. 다만 우리가 늘 생각이라는 것을 하고 살아가기에마치 우리가 생각에 대해 잘 알고 제대로 사용하고 있다고 착각하

43

는 것입니다. 우리가 전자제품을 새로 사면 설명서가 동봉되어 있습니다. 사용 방법을 잘 모를 때 우리는 설명서를 찬찬히 읽어봅니다. 그런데 우리는 생각에 관한 사용설명서는 한 번도 읽어보지 않았습니다. 설명서의 내용만 잘 파악해도 우리는 착각의 함정에 빠지지 않고 행복과 지혜를 얻을 수 있습니다.

사람은 변하지 않는다

심리학이 남긴 가장 중요한 업적은 '사람은 변하지 않는다'는 사실을 발견한 것입니다. 가장 먼저 사람의 IQ는 변하지 않습니다. 성인 남녀 중 최근 3년 이내 IQ 검사를 받아본 사람은 거의 없습니다. 하지만 건강과 관련한 검사를 받아본 사람은 많습니다. 건강은 계속해서 변하기 때문에 수시로 검사하지만 기억력이나 연산력과 같은 기본적인 사고능력은 크게 변하지 않기에 검사할 필요성을 느끼지 못합니다. 다만 나이 들수록 깜빡깜빡하는 것은 우리 뇌의 세포들이 감퇴하거나 손상되어 일어나는 현상일 수도 있지만, 그보다는 '간섭 현상' 때문일 경우가 많습니다.

간섭 현상은 머릿속에 비슷한 정보가 많아지면서 원하는 정보를 꺼내려고 할 때 비슷한 것들끼리 서로 나가려 간섭하다가 아무것도 나가지 못하는 것입니다. 예를 들어 처음 담임을 맡은 교사는 반 아이들 중 한 명뿐인 영희라는 이름을 가진 학생을 잘 기억합니다.

하지만 30년 이상 담임을 맡아온 교사는 그동안 영희라는 이름을 가진 수십 명의 학생을 담당했습니다. 이 교사에게 수십 명의 영희 중 한 사람이 전화를 걸어 "선생님 저 영희예요"라고 말한다면 머릿속에서 무려 수십 명의 영희가 서로 내가 나가겠다며 다투다가 결국엔 아무도 나가지 못합니다. 이게 바로 건망증입니다.

두 번째로 변하지 않는 것은 성격입니다. 어린 시절 친구들 중 가장 융통성 없고 꽉 막혔던 친구를 떠올려 보시기 바랍니다. 그 친구를 지금 다시 만나면 아마도 지금은 더 융통성이 없을 가능성이 높습니다.

IQ와 성격은 상당 부분 부모님으로부터 받는 것입니다. 즉 유전적인 영향이 강합니다. 실제로 행복에 관해 연구하는 심리학자들 중 꽤 많은 사람들이 행복한 사람은 타고나는 것이라고 말합니다. 우리 몸에 있는 FAAH는 아난다마이드anandamide라는 신경전달물질을 억제하는 역할을 합니다. 그런데 이것이 돌연변이를 일으키면 오히려 아난다마이드의 생성을 도와줍니다. 아난다마이드가 많으면 덜 불안하고, 덜 고통스럽습니다. 한마디로 행복을 느끼는 것이죠. 아난다마이드의 단위 면적당 비율은 민족마다 다른데 14%밖에 되지 않는 대표적 민족이 우리와 유전적으로 유사한 중국의 한족입니다. 북유럽 계열의 백인은 21%, 나이지리아인들은 무려 45%나 됩니다. 그들이 낙천적인 이유가 여기에 있습니다.

심리학자들은 이런 능력과 성격을 묶어 '기질'이라고 합니다. 이

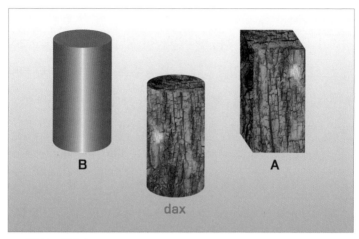

——A와 B, 그리고 dax

기질은 부모님에게 물려받는 것이며 잘 바뀌지 않습니다. 그런데 재미있게도 기질보다 늦게 만들어지고 더 쉽게 변할 수 있는 것이 있는데, 이로 인해 사람들은 더 큰 차이를 보입니다. 바로 '관점'과 '자세'입니다. 이들은 우리가 쉽게 건드려볼 수 있고 작은 변화만으로도 큰 차이를 만들어낼 수 있습니다. 더욱 중요한 것은 우리의 창의성, 리더십, 통찰력 등 복합적인 능력이 성격보다 관점과 더 큰 관계를 맺고 있다는 사실입니다.

위의 그림을 보면 A와 B, 그리고 dax라는 물체가 있습니다. A와 B 중 어느 것이 dax에 가까울까요? 우리나라에서는 약 70%가 A를 선택합니다. 하지만 서양 사람들은 90%가 B를 선택합니다. 서로 다른 선택을 하는 이유는 성격과 능력이 아닌 관점 때문입니다. 우

어
쩌
다
어
른

리나라 사람들은 본질주의적 관점을 더 많이 가지고 있습니다. 근본이 어디냐는 거죠. A를 선택한 사람들은 같은 성씨일 가능성이 높습니다. 그런데도 B를 선택한 30%는 기능주의적 관점을 가졌다고 볼 수 있습니다.

또 다른 관점의 차이를 알아보죠. 원숭이, 바나나, 판다가 있습니다. 이들 중 두 가지를 묶어보라고 하면 우리나라 사람들의 절대다수는 원숭이와 바나나를 선택합니다. 이를 본 서양인들은 경악을 금치 못합니다. 왜 동물과 동물을 묶지 않고 동물과 식물을 묶느냐는 것입니다. 그런데 우리는 왠지 모르게 원숭이와 바나나를 묶고 싶어집니다. 이는 관계주의적 관점이 매우 강한 우리나라의 성향 때문입니다. 우리는 자기소개서를 쓸 때 나 자신보다 자기의 관계에 관해 말합니다. 가족관계부터 교우관계, 다양한 인간관계까지 성장배경에서 나와 관계한 것들을 풀어놓기 바쁩니다. 나를 규정하는 방법을 나를 둘러싸고 있는 관계를 밝히는 것이라고 생각하기 때문입니다.

사실 우리나라는 다양한 관점을 가지고 있기 어려운 환경입니다. 미국, 러시아, 중국처럼 땅덩이가 넓은 나라에서 우리나라로 유학을 온 학생들은 뉴스에서 일기예보를 보면서 소스라치게 놀라곤 합니다.

"내일은 전국에 비가 내리겠습니다."

그들이 사는 나라에서는 단 한 번도 전국에 비가 내린 적이 없습니다. 그 넓은 나라에서 전국에 비가 내린다는 것은 대재앙입니다. 그러니까 우리나라는 넓은 나라에 사는 사람들이 보기에 충격적이고 경이로운 장면이 얼마든지 연출될 수 있는 곳입니다. 2002년 전 국민이 같은 색상의 옷을 입고 같은 장소에서 같은 행위를 하는 일이 미국이나 중국에서는 절대 불가능합니다. 즉 우리나라는 동질적이기 때문에 한마음이나 한목소리를 내는 것은 쉽지만, 그렇기 때문에 남들과 다르다는 것을 인정하기는 어렵습니다. 그것이 관점입니다.

그렇다면 어떻게 관점을 보완해서 우리의 장점을 살리고 단점을 보완할 수 있을까요? 열심히 공부하고 연습하면 될까요? 사실 연습을 통해 무언가에 익숙해지고 노련해지는 것과 지혜롭고 똑똑해지는 것은 무관합니다. 즉 아무리 공부하고 연습해도 관점과는 큰 상관이 없습니다.

이를 밝혀주는 재미있는 연구가 있습니다. 대학생들에게 문제를 내봤습니다.

먼저 그림과 같이 4장의 카드가 있습니다. 이들 카드는 한 면에는 모음이 있고 뒷면에는 무조건 홀수가 있습니다. 4장의 카드에 이 규칙이 제대로 적용되었는지 알아보려면 두 장의 카드를 확인해 보면 알 수 있습니다. 어떤 카드일까요? 학생들은 선뜻 대답하지 못했습니다.

그래서 다른 문제를 냈습니다. 우리나라는 술을 마시려면 20세

——4장의 카드

가 넘어야 합니다. 구청 공무원이 어느 날 술집에 갔는데 그곳에는 술을 마신 A, 23세의 B, 술을 마시지 않은 C, 19세의 D가 있습니다. 술집이 미성년자는 음주를 할 수 없다는 법을 잘 지키고 있는지 검사해 보려면 두 명만 확인하면 되는데 과연 누구일까요? 10초도 지나지 않아 학생들은 A와 D라고 대답합니다.

같은 논리 구조인데 왜 첫 번째 문제는 잘 못 풀고 두 번째 문제는 잘 풀었을까요? 익숙함 때문입니다. 무언가에 익숙하고 친숙해진다는 것은 우리를 논리적으로 만들어주지 않습니다. 다만 좀 더 빨리 그것에 관해 말할 수 있을 뿐입니다. 지금껏 우리는 그것을 교육이고 훈련이라고 생각해 왔습니다. 그렇게 하면 머리가 좋아질 것이라 착각한 것입니다. 하지만 실제로 우리는 무언가에 익숙해지고 친숙해지면서 오히려 더 바보스럽게, 더 고집스럽게, 더 끈질기게 오답에 빨리 도달합니다. 인간은 자신의 머릿속에 익숙한 것이 떠오르면 웬만해선 그것을 버리지 않으려 하는 독특한 특징을 가지고 있습니다. 때문에 익숙한 것을 정답이라고 착각합니다. 여기에는 몇 가지 이유가 존재합니다.

우리가 일을 못하는 이유

첫 번째 이유는 인간이 인지적 구두쇠이기 때문입니다. 이는 우리가 생각하는 것을 매우 싫어한다는 것입니다. 인간은 직립보행을 하기 때문에 생각이란 것을 하려면 누워 있거나 네 발로 다니는 동물보다 더 많은 혈액을 더 멀리 머리까지 끌어올려야 합니다. 즉 생각할 때 좀 더 많은 에너지를 소모하는 구조로 되어 있는 것입니다. 그런데 우리 인류의 조상인 호모사피엔스는 수만 년의 역사 중 대부분의 시간을 배고프게 살았습니다. 인류의 사망, 즉 호모사피엔스 사망의 압도적 이유도 질병이나 전쟁이 아닌 굶어죽는 아사餓死였습니다. 인간이 배고픈 것을 걱정하지 않고 살아간 지는 200년도 채 되지 않았습니다. 그렇다면 우리 인류는 살아남기 위해 어떤 노력을 해야 했을까요? 상대적으로 많은 에너지를 사용해야 하는 행위인 '생각한다는 것'을 최대한 적게 하도록 우리 뇌에 신호를 보냈습니다.

심리학자와 뇌과학자는 우리의 뇌를 10W짜리 전구라고 말합니다. 그리고 우리가 생각을 할 때 이 전구에 불이 들어온다고 여깁니다. 우스갯소리지만 종종 우리 뇌가 불을 밝히려면 평소보다 많

어쩌다 어른

은 50W의 에너지가 필요할 때가 있습니다. 잔머리를 써야 할 때입니다. 어떻게 해야 부모님께 성적표를 들키지 않을까, 어떻게 해야 아내에게 거짓말을 하고 술을 마시러 갈 수 있을까 하는 생각을 할 때 우리 뇌는 평소보다 많은 에너지를 필요로 합니다. 시를 읽을 때면 100W 이상의 에너지가 필요하다는 농담을 하기도 합니다. 시에는 은유법이 있기 때문입니다. '눈은 마음의 창'이라는 은유의 의미를 파악하기 위해서는 우리 머릿속 곳곳에 저장된 여러 개념을 이어붙여야 합니다. 실제로 셰익스피어의 문학작품을 읽고 뇌의 활동량을 살펴보면 어마어마한 양의 에너지를 소모하는 것을 확인할 수 있습니다.

이렇듯 생각하는 것에 엄청난 에너지를 사용할 수 없었던 우리 인류는 생각을 줄이고 그 에너지를 식량을 구하는 데 주로 사용하면서 생존해 왔습니다. 그 습성이 지금까지 이어져 온 것입니다. 그렇다면 생각의 양은 줄이면서 이 세상을 제대로 살아가기 위해서는 어떤 방식으로 우리 머릿속에서 생각을 돌려야 할까요? 인간은 눈과 귀를 통해 들어오는 대부분의 정보를 순식간에 날려버립니다. 그중 몇 가지만 남겨놓는데 그것을 기억이라고 부릅니다. 기억은 인지적 구두쇠인 인간이 받은 정보를 자체 편집한 뒤 남은 결과입니다.

인간이 인지적 구두쇠이기 때문에 원천적으로 불가능한 일이 있습니다. 멀티태스킹입니다. 동시에 인지해야 할 것이 세 개 이상이라면 그것은 인간이 할 수 없는 일이 됩니다. 인지심리학자들이 멀티태스킹을 가리켜 '악마'라고 부르는 이유도 여기에 있습니다. 내가 잘할 수 있기에 별로 신경 쓰지 않아도 되는 일이라도 멀티태스킹이 필요한 상황이 오면 내가 할 수 있는 일을 갉아먹습니다. 대표적인 게 껌입니다. 껌을 씹으면서 단어를 외우면 씹지 않으면서 단어를 외울 때보다 기억력이 20% 가까이 떨어진다는 연구 결과가 많습니다. 평소 신경도 쓰지 않던 껌 씹기라는 멀티태스킹조차 우리의 능력을 저하시키는 것입니다. 참고로 껌을 씹고 난 뒤 껌을 뱉고 단어를 외우면 뇌 영역이 활성화되어 더 잘 외울 수 있습니다. 이는 멀티태스킹이 아닌 스위치태스킹입니다. 두 가지는 명확히 구분해야 합니다. 결국 인간은 멀티태스킹을 줄여야 하나의 일을 제대로 해낼 수 있습니다. 아무리 자동화된 일이라도 멀티태스킹을 하면 이유도 모른 채 수행능력이 떨어져 나가므로, 어떤 일에 집중한다는 것은 다른 일을 줄여나간다는 것과 같습니다.

우리가 일을 못하는 두 번째 이유를 말하기 전에 해야 할 것이 있습니다. 옆의 그림을 보면서 글자의 색을 말해 보세요.

아마 별다른 어려움 없이 글자 색을 말했을 것입니다. 그렇다면 이번에

빨강 주황
파랑 검정
노랑 보라
연두 회색

──글자 색 말하기

는 조금은 다른 다음 그림을 보면서 글자의 색이 무엇인지 말해 보시기 바랍니다.

이번에는 앞서 글자 색을 말했을 때보다 살짝 대답이 느려졌을 것입니다. 이 실험은 미국의 심리학자 존 리들리 스트룹John Ridley Stroop이 고안한 것입니다. 그의 이름을 따라 '스트룹 효

빨강 주황
파랑 검정
노랑 보라
연두 회색

—— 글자 색 말하기

과'라고 부르는 이 현상은 단어를 인지하는 과정에서 단어의 의미와 글자의 색상이 일치하지 않을 때 색상을 말하는 반응속도가 늦어지는 것을 말합니다.

우리는 글자를 보면 먼저 읽어버리는 습관 때문에 색을 먼저 보지 못하고 실수를 합니다. 우리가 일을 못하는 또 하나의 이유가 바로 습관입니다. 때때로 무언가를 하면 안 되는 상황에서 습관 때문에 자신도 모르게 그 행동을 하는 경우가 있습니다. 심리학자들은 오랜 시간 습관에 관해 연구한 결과, 나쁜 습관이든 좋은 습관이든 습관을 없애는 것은 불가능하다고 결론을 내렸습니다. 하지만 나쁜 습관 위에 다른 습관을 덮어씌우는 것은 가능합니다. 원하지 않는 일이나 실수를 하지 않기 위해서는 좋은 습관을 덮어씌워야 합니다. TV를 보면서 자꾸 무언가를 먹는 습관이 있다면 그 손으로 다른 일을 하면 됩니다.

플로리다 주립대학에서 심리학을 가르치는 로이 바우마이스터 Roy Baumeister 교수는 자신의 책 《의지력의 재발견》에서 사람의 의지로 나쁜 습관을 없애는 것은 허황된 착각임을 보여주었습니다. 담배를 끊었을 때, 담배를 피우지 않겠다는 의지력이 있으면 참는 것이 가능합니다. 하지만 의지력이 떨어지면 금연을 참기 어려워집니다. 열심히 담배를 참고 있는데 부하 직원이 엉망진창인 보고서를 만들어왔습니다. 화가 끓어오르지만 다른 직원들의 시선을 의식하지 않을 수 없으니 좋은 말로 다시 작성해 오라며 돌려보냅니다. 이때는 담배를 피우지 않겠다는 의지력에 쏟던 에너지를 부하 직원에게 화를 내지 않는 데 사용해야 합니다. 의지력에는 총량의 법칙이 있습니다. 금연하는 데 쓰던 의지력을 부하에게 화를 내지 않는 데 사용했다면, 어느 순간 정신을 차렸을 때 담배를 피우고 있는 자신의 모습을 발견하게 될 것입니다. 나쁜 습관을 막는 방법은 그것을 없애는 것이 아니라 좋은 습관을 많이 만드는 것입니다.

우리가 실수하고 실패하는 세 번째 원인은 '지금 막 경험한 일'입니다. 인간은 아무리 오랜 경험과 연륜과 노하우가 있어도 직전에 어떤 경험을 했느냐에 철저한 지배를 받습니다. 다음 글을 읽어보세요.

'야구방망이와 야구공이 합쳐서 1달러 10센트입니다. 방망이는 공보다 1달러가 더 비쌉니다. 그렇다면 공은 얼마일까요?'

대부분 10센트라고 오답을 이야기합니다. 정답은 5센트입니다.

어쩌다 어른

우리가 어떤 글이나 단어를 읽을 때 그 옆 또는 옆옆 단어들이 슬쩍 시선 안으로 들어옵니다. 이를 가리켜 읽는 범위reading span라고 합니다. 이 범위는 매우 좁은데, 우리는 위의 문장을 획 하고 읽으면서 1달러와 10센트라는 단어를 봅니다. 그리고 그 옆에 공보다 1달러 더 비싸다는 단어를 봅니다. 이 범위 안에 모든 정보들이 들어와 있습니다. 1달러가 더 비싼데 나머지 하나는 10센트라는 정보이니, 1달러라는 도움을 얻기 위해 둘 중 하나를 빼버립니다. 그래서 10센트라는 대답이 더 빨리 나옵니다.

이 문제를 듣고 더 빨리 정답을 이야기하는 사람들은 주로 난독증 환자입니다. 우리처럼 재빠르게 문장을 읽을 수 없어 또박또박 글을 읽으면서 오히려 정답률이 높아집니다. 그렇다면 우리 같은 평범한 사람들이 오답 없이 정답에 가까운 비율로 대답하게 만들려면 어떻게 해야 할까요? 난독증 환자처럼 또박또박 읽을 수밖에 없는 상황을 만들면 됩니다. 글씨 크기를 작게 만들거나, 흐릿하게 만들거나, 폰트를 손상시키는 것입니다.

직전의 경험은 판단력뿐 아니라 자신감에도 영향을 끼칩니다. 직전의 경험이 다음에 일어나는 일과 무관하더라도 빠르거나 수월함을 느끼면 자신감이 생깁니다. 예를 들어 오전 10시 회의에서 발표를 하는 날 출근길, 버스정류장에 가자마자 버스가 바로 옵니다. 평소보다 빨리 버스를 탄 덕분에 조금 일찍 회사에 도착했는데 엘리베이터가 마치 나를 위해 대기하고 있는 것처럼 바로 내려옵니다. 이날 따라 컴퓨터도 빨리 부팅되고, 복사기도 빨리 돌아갑니다. 이러면 마치 10시 회의에서 발표도 잘할 것만 같은 자신감이 차오릅니다. 직전의 무관한 경험이 자신감에 전염된 것입니다. 반대로 버스가 늦게 오고, 엘리베이터가 잘 내려오지 않고, 복사기가 고장나면 회의에서 발표도 잘 안 될 것 같습니다.

　사실 양쪽 모두 착각한 것이지만 우리는 이 착각을 얼마든지 긍정적으로 사용할 수 있습니다. 실제로 운동선수들이 강한 상대나 팀을 만나서 고전이 예상될 때 노련한 감독들은 시합과 전혀 무관한 일이지만 선수들이 쉽고 빠르게 해낼 수 있는 상황을 만들어줍니다. 그 결과가 자신감으로 이어지기 때문입니다. 반대로 자신감이 높다 못해 자만감을 가진 상황에서는 자신과 무관하면서도 한 번도 해보지 않은 일을 통해 자만심을 버릴 수도 있습니다. 대표적인 곳이 군대입니다. 군대에 가면 수천 명의 훈련병이 입소했을 때 실과 바늘을 나눠줍니다. 그리고 자기 이름표를 달도록 합니다. 사실 숙련된 재봉사가 재봉틀로 쭉 돌리면 몇천 명의 이름표라도 금세 달 수 있습니다. 물론 박음질도 더욱 깔끔하고 튼튼할 것입니다. 그런데 왜 병사들에게 시킬까요? 평소 바느질을 할 기회가 거의 없던 훈련병들은 이름표를 달면서 이게 참 어렵구나, 이거 하나도 제대로 못 하는 나는 참 바보구나 하는 생각을 합니다. 군사훈련 직전에 무관한 일에서 약간의 실패를 맛보게 함으로써 과한 자신감을 줄여주고 적정한 수준의 의기소침함을 심어주는 것입니다.

이들은 당연히 자신에게 내려진 명령을 순순히 따릅니다.

이렇게 노력과 몰입 외에도 우리를 즐거운 착각, 긍정적 착각으로 집어넣어 오히려 일을 잘하게 만들 수 있는 요인은 굉장히 많습니다. 만일 자신감이 부족하거나 의기소침해 있다면 전혀 무관하더라도 만만한 일을 골라서 쉽고 빠르게 해내길 권유합니다. 뜻밖에 많은 위안을 얻을 수 있습니다.

우리를 착각하게 만드는 것들

인간에 관해 잘 모르는 사실 중 하나는 우리가 생각과는 전혀 다른 방식으로 작동한다는 것입니다.

"PC와 노트북, 고양이가 있습니다. 서로 유사한 것은 무엇일까요?"

수업시간에 이런 질문을 받은 학생들은 주저 없이 PC와 노트북이라고 대답합니다. 그러면 저는 회심의 미소를 지으며 지금부터 2분간 PC와 노트북의 차이점을 최대한 많이 써보라고 말합니다. 학생들은 배터리의 유무, 키보드 크기, 휴대성 등 이런저런 차이점을 부리나케 쓰기 시작합니다. 그들에게 이번에는 PC와 고양이의 차이점을 최대한 많이 써보라고 합니다. 생물과 무생물 말고는 쓸 것이 없습니다. 한 학생이 '고양이는 귀엽다'라고 쓰니 옆에 있는 친구가 "요즘에는 PC도 귀여운 거 많아"라고 말합니다.

어떤가요? 유사하다고 생각한 것 사이에서 차이점을 더 많이 느끼고, 다르다고 생각한 것 사이에서는 차이점을 잘 느끼지 못했습니다. 우리나라와 일본의 차이점을 말하는 건 쉽지만 우리나라와 파푸아뉴기니의 차이점을 말하긴 어렵습니다. 사람도 마찬가지입니다. 만일 회사나 주변에 나와 많이 달라서 싫은 사람이 있다면 그 사람과 나는 동질적인 부분이 많은 것입니다. 즉 비슷해서 싫은 것이죠. 이처럼 잘 놓치는 구석이 많은 인간은 과연 어떤 존재일까요? 이 질문의 이면에는 인간이 무엇을 좋아하며 어떻게 해야 행복할까 하는 궁금증이 숨어 있습니다.

이 궁금증에 관해서는 심리학자마다 관점이나 생각이 조금씩 다릅니다. 그런데 재미있게도 인간이 가장 싫어하는 것에 관해서는 한목소리를 냅니다. 인간은 '불안'을 제일 싫어한다는 것입니다. 고통, 슬픔, 외로움, 분노 등 다양한 감정 중에서 왜 불안을 가장 싫어할까요? 불안에는 물리학적인 총량의 법칙을 거스르면서도 인간을 힘들게 만드는 어마어마한 힘이 있기 때문입니다. 불안한 상태에서 괴롭거나 고통받거나 슬퍼하면 그 물리적 크기가 수십 배 이상 커질 수 있습니다.

1980년대에 고등학교를 다녔던 사람이라면 등교시간에 학생주임 선생님이 몽둥이를 들고 교문 앞에 서 계시던 기억이 있을 것입니다. 아침마다 학생주임의 매의 눈을 피하지 못한 복장 불량, 두발 불량 학생들이 선발되고 단체로 엎드려뻗쳐 자세를 취하는 진풍

어쩌다 어른

경이 벌어집니다. 만약 10명의 학생이 엎드려뻗쳐 있고 선생님이 한 학생당 10대씩 때린다면 선생님은 총 100대를 때려야 합니다. 보통 에너지가 드는 일이 아닙니다. 그럼 물리학적으로, 생체역학적으로도 가장 마지막에 맞는 것이 유리해 보입니다. 하지만 심리학적으로 보면 마지막에 맞는다는 것은 자살 행위와 같습니다. 마지막 학생은 탈진한 선생님의 91번째 스윙을 받겠지만 몽둥이가 엉덩이에 닿기도 전에 심리적으로 사망한 상태입니다. 앞서 90번의 비명을 들으며 불안은 극에 달했고 그로 인해 약한 에너지에도 더 큰 고통을 느낍니다. 이렇듯 불안은 인간을 가장 힘들게 합니다.

그리고 불확실성은 불안을 극대화합니다. 인간의 생각을 움직이는 첫 번째 원리가 불확실성인 것도 이 때문입니다. 항아리에 90개의 공이 담겨 있습니다. 30개의 빨간 공과 나머지 60개는 검은 공과 노란 공이 섞여 있습니다. 확실한 사실은 30개가 빨간 공이라는 것과 까만 공과 노란 공을 합치면 60개라는 것입니다. 당신은 빨간 공이 나오면 돈을 받는 A 게임과 검은 공이 나오면 돈을 받는 B 게임 중 어디에 돈을 걸겠습니까? 정답이 있는 게임은 아니지만 실제로 80%에 가까운 사람들이 A를 선택합니다.

이번에는 빨간 공이나 노란 공이 나오면 돈을 받는 C 게임과 검은 공이나 노란 공이 나오면 돈을 받는 D 게임이 있습니다. 어디에 돈을 걸겠습니까? 이 질문에는 대부분의 사람들이 D를 선택합니다. 자신만의 확실함 때문입니다. 앞서 A를 선택했다는 것은 빨간 공은 30개라는 확실한 사실이 존재하는 상황에서 검은 공은 30개가 되지 않는다고 가정해 버린 것입니다. 이는 다시 말해 노란 공이 30개가 넘는다고 가정한 것이기도 합니다. 따라서 A를 선택함으로써 자동으로 만들어진 나만의 가정을 위배하지 않기 위해서는 C를 선택해야 합니다. 그럼에도 우리 인간은 확실함을 좋아하기 때문에 자신의 판단을 뒤집고 D를 선택합니다.

불안을 가져오는 불확실성을 피하기 위해 인간은 얼마든지 자신의 판단을 뒤집을 수 있습니다. 우리는 기본적으로 긍정적일 때는 위험 회피적 선택을 하고 부정적일 때는 위험 추구적 선택을 합니다. 오히려 모험을 하는 것이죠. 그런데 이러한 경향은 실제로 확실한 것이 아니라 표면적으로 얼핏 확실해 보이기만 해도 자신의 판단을 뒤집습니다.

동네 세탁소가 '개업 10주년 기념, 옷 한 벌당 세탁비 25% 할인!'이라는 문구를 내걸었습니다. 이를 본 주민들은 '조금 깎아주는구나' 하는 생각만 하고 그냥 지나칩니다. 하지만 '개업 10주년 기념, 3벌 세탁 시 한 벌 무료!'라는 문구를 내걸면 사람들이 몰려듭니다. 한 벌이 무료라는 것은 한 벌이 0이라는 뜻이기 때문입니다. 같은 내용이라도 '100 또는 0'이라는 확실함을 어필하면 자연스레 사람들의 마음을 움직일 수 있습니다. 실제로 '타이어 3개 교체 시 하나는 공짜!'라는 광고 문구가 있습니다. 세상 어떤 사람도 타이어를 세 개만 교체하지 않습니다. 재미있게도 '타이어 신발보다 쌉니다'라고 해도 사지 않던 사람들이 하나는 공짜라는 문구에 끌립니다. 결국 같은 의미라도 혹은 손해를 끼칠 수 있어도 인간은 확실함에 먼저 반응합니다. 때문에 머릿속에서 열심히 생각하고 있지만 실제로 그것에 대해서 정확히 판단하지 못하는 경우가 허다합니다.

인간의 또 다른 대표적 착각은 후회하지 않으면 만족할 수 있다는 생각입니다. 하지만 우리 머릿속에서 후회와 만족을 담당하는 뇌의 영역은 전혀 다릅니다. 후회 없는 삶을 살면 만족하고 행복할 수 있다는 것은 착각입니다. 이는 긍정적 착각이 아니라 인지적 구두쇠가 만드는 절대 해서는 안 될 착각입니다.

우리는 비교를 통해 후회라는 감정을 느낍니다. 하지만 비교를 통해 만족은 하지 않습니다. 만족은 스스로 잘했을 때 느낄 수 있습니다. 즉 누군가와의 비교로부터 얻어지는 것이 후회이고, 자신으로부터 직접 받는 것이 만족입니다. 비교에 민감해서 책임과 의무만 다하는 삶을 살다 보면 어느 순간 만족이라는 게 없는, 행복하지 않은 삶을 살 수도 있습니다. 따라서 우리는 후회 없는 삶과 만족하는 삶을 따로 살아야 합니다.

관점을 바꾸면 일상이 변화한다

지금껏 인간은 인지적 구두쇠이고 우리가 생각하는 것과는 전혀 다른 방식으로 작동하기 때문에 능력과 성격보다는 관점을 통해 변화할 수 있다고 이야기했습니다. 같은 사물이나 상황이라도 관점이 바뀌면 얼마든지 다르게 느끼고 받아들일 수 있습니다.

지금 당장 5만 원이 생긴다면 무엇을 하겠습니까? 당장 명확하게 떠오르는 것이 별로 없을 것입니다. 하지만 조금 전 5만 원을 잃어버렸다면 어떨까요. 갑자기 5만 원으로 할 수 있는 일들이 10배는 더 많이 생각납니다. '5만 원이면 일주일 점심값을 하고도 남는데', '퇴근길에 친구와 술 한 잔을 할 수 있는데', '책 몇 권을 살 수 있는데' 하는 생각들이 계속 떠오릅니다. 내 지갑으로 들어오는 효용과 내 지갑에서 나가는 효용, 즉 획득과 손실이라고 하는 관점이 물리적인 돈의 크기보다 더 중요하다는 뜻입니다. 이처럼 상황에 따라 달라지는 인간의 관점이 재미있습니다. 이 관점은 우리 생활 곳곳에 숨어 있습니다.

그림 속 그래프는 획득과 손실에 관한 것입니다. 재미있게도 획득과 손실이 각각 증가할수록 곡선의 기울기가 둔화하는 모습입니다. 이는 같은 돈이라도 이미 많이 쌓여 있다면 그 크기가 작게 느껴진다는 것을 뜻합니다. 돈이 없는 상황인 0에서 100만 원을 얻으면 심리적 가치는 많이 상승합니다. 돈이 없을 때 100만 원이 생기면 굉장히 기분이 좋습니다. 그런데 100만 원이 원래 있는데 또 다른 100만 원이 들어와 200만 원이 되면 심리적 가치는 상대적으로 적게 상승합니다. 손실 역시 같은 경향을 보이지만 곡선이 더 가파릅니다. 그러니까 같은 100만 원이라도 들어올 때보다 나갈 때 더

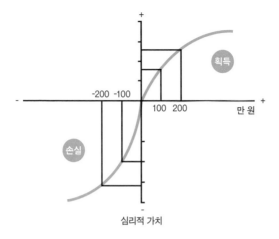

——프로스펙트 이론의 가치 함수 그래프

크게 느껴진다는 것입니다. 이 그림을 통해 우리의 심리적 가치는 획득이 커질수록 둔감해지고 손실일수록 더 민감하다는 두 가지 사실을 알 수 있습니다. 따라서 200만 원을 한꺼번에 받는 것보다 100만 원을 두 번에 나눠 받을 때 더 크고 더 많이 받았다고 느낍니다.

여기에 행복을 대입시켜 볼 수 있습니다. 한 번의 큰 행복보다 그것의 절반 크기인 행복이 두 개 있을 때 인간은 더 행복하다고 느낍니다. 연세대학교 심리학과의 서은국 교수는 《행복의 기원》이라는 책에서 행복은 크기가 아닌 빈도라고 이야기합니다. 우리 인생에서 행복했던 날과 불행했던 날의 수치를 매기면 결국 0에 수렴합니다. 새옹지마 인생에서 행복의 평균이 0이라고 해도 빈도는 얼마든지 달라질 수 있습니다. 즉 우리가 똑같은 크기의 행복을 가지고 살아간다고 할 때 먼 미래의 크고 어마어마한 행복을 좇기보다 매 순간 작은 행복을 느끼며 살아가는 것이 건강하고 오래 살 수 있습니다.

인간의 관점이 얼마든지 달라질 수 있는 또 다른 이유는 내 머릿속에서 생생한 일일수록 더 중요하고 더 많이 일어날 일이라고 믿기 때문입니다. 예를 들어 칼에 찔려 죽을 확률과 계단에서 굴러떨어져 죽을 확률 중 어떤 것이 더 높을까요? 사람들은 칼에 찔려 죽을 확률을 항상 과대평가합니다. TV나 영화 속 주인공이 칼에 찔려 죽는 장면을 여러 번 보았고, 덕분에 생생한 상상이 가능하기 때문입니다. 반면 계단에서 굴러떨어져 죽을 확률은 생생한 상상이 어려워 상대적으로 과소평가됩니다. 사람들은 칼을 들고 쫓아오는 괴한이나 낯선 사람을 방어하기 위해 비싼 돈을 들여 집에 보안장비를 들이거나 동네에 CCTV를 설치하지만, 언제든 나를 굴러떨어져 죽게 만들 수도 있는 내 집의 낡아서 미끄러운 카펫이나 오랜 시간이 지나 마찰감이 거의 없는 계단을 보완할 생각은 하지 않습니다.

1994년 우리나라에서 성수대교가 무너지는 참사가 일어났습니다. 특히 학생들을 태우고 가던 버스가 추락해 많은 학생들이 목숨을 잃었습니다. 그런데 처참히 뒤집힌 자동차들 사이에 파란색 봉고차 하나만이 뒤집어지지 않아 큰 피해를 보지 않았습니다. 이 자동차에는 경찰의 날을 기념해 상을 받으러 가던 의경들이 많이 타고 있었습니다. 결과적으로 그 자동차만 뒤집어지지 않았고, 차 안에 있던 의경들이 먼저 나와서 구조 활동을 했습니다. 그날 이후 그 브랜드의 봉고차가 잘 팔리기 시작했습니다. 물론 파란색이 가장 많이 팔렸습니다. 사고 현장의 생생한 이미지가 구매 결정에도 영향력을 행사한 것입니다. 그런데 이러한 결정을 좌우한 것은 내 머릿속에서 생생하다는 것뿐입니다. 이는 다른 사람의 머릿속, 더 나아가서 세상에서 판단하는 것과는 전혀 상관없을 수 있는 의견일 수 있습니다.

이 외에도 우리를 배신하는 상식적인 기대의 오류는 굉장히 많습니다. 동전 던지기를 8번 했을 때 앞-뒤-앞-뒤-앞-앞-뒤-앞의 순서가 나오는 것은 별로 이상할 것이 없습니다. 하지만 8번 연속 앞만 나왔다면 9번째 던졌을 때는 왠지 뒷면이 나와야만 할 것 같은 생각이 듭니다. 또는 야구 경기 중 앞선 세 타석에서 안타를 치지 못했을 때 해설자가 이제 안타를 칠 때가 됐다는 말을 합니다. 이 모든 것들이 일명 '도박사의 오류'라는 상식적 기대의 배신입니다. 이와 반대로 지금껏 연속으로 이러한 일들이 벌어졌으니 앞으로도 더 그럴 것이라고 하는 '뜨거운 손 오류'도 우리가 많이 빠지는 함정입니다.

이런 오류는 우리가 생각을 쉽게 종결해 버리는 두 가지 정보에서 벗어나지 못하기 때문에 일어납니다. 바로 '명사'와 '숫자'입니다.

우리는 "영식이가 사람을 죽였대!"라는 말을 들으면 무슨 일이 일어난 것인지 궁금해합니다. 하지만 같은 의미라도 명사를 사용해 "영식이가 살인자래!"라고 말하면 사람들은 생각을 멈추고 단정적으로 반응합니다.

그리고 명사보다 더 강력한 것이 숫자입니다. 아무 의미가 없음에도 사람의 마음에 강력한 닻을 내려 벗어나지 못하게 만듭니다. 50달러를 잃을 확률이 100%인 A와 200달러를 잃을 확률이 25%, 아무것도 잃지 않을 확률이 75%인 B 중에서 무조건 하나를 선택해야 한다면 무엇을 선택하겠습니까? 대부분 B를 선택합니다. 하지만 이때 우리가 다른 선택을 하도록 유도하는 경우가 있습니다. 바로 보험입니다. 보험은 A와 B 사이에 시간이라는 변수를 불어넣습니다. 그리고 먼저 B에 관해 말합니다. "당신에겐 200달러를 잃을 확률 25%와 아무것도 잃지 않을 확률 75%가 기다리고 있습니다." 그리고 어느 정도 시간이 지난 뒤 "그런데 50달러를 내면 이같은 상황을 겪지 않아도 됩니다"라는 말을 합니다. 그러면 사람들은 A를 선택합니다.

우리는 양자택일로 무언가를 선택하는 것을 어려워합니다. 따라서 상대의 선택을 이끌어내야 할 때는 양자택일의 구도가 아니라 그로 인해 벌어질 최악의 상황과 그다음으로 안 좋은 상황을 설명한 뒤 상대의 선택을 기다리는 인내심을 발휘하는 것이 좋습니다. 그리고 난 뒤 작지만 확실한 희생으로 그것을 없앨 수 있다고 한 번 더 기회를 주면 상대가 그 제안을 받아들일 가능성이 높습니다.

우리의 결정에 영향력을 행사하는 관점은 가끔 함정을 파놓기도 하지만 아주 작은 변화만으로도 즐거운 착각을 통해 행복을 선사 하기도 합니다. 행복은 크기가 아닌 빈도에서 오는 만큼 일상을 들 여다보는 관점의 변화를 통해 지금껏 느끼지 못했던 새로운 행복 에 한 걸음 더 가까이 다가가는 것은 어떨까요?

3

오감에서 찾는 육감,
육감에서 찾는 지혜

| 김 경 일 |

인간이 가지고 있는 감각은 그리 많지 않습니다. 시각, 촉각, 청각, 후각, 미각. 우리는 이 다섯 가지의 감각기관을 통해 세상으로부터 에너지를 받아들입니다. 그 에너지를 감각과 지각이라고 합니다. 그런데 감각과 지각이 우리에게 미치는 영향력은 엄청납니다.

많이 알수록 많이 착각한다

먼저 시각의 영향력부터 알아보겠습니다. 눈은 가장 앞쪽에 각막이, 그다음에 렌즈라고도 하는 수정체가 있습니다. 여기로 이미지가 들어와 눈 뒤에 있는 망막에 상이 맺힙니다. 그것이 뇌에 전달돼 우리가 본다고 느낍니다. 이 과정에 의학적이나 생물학적으로는 문제가 없지만 심리학자들이 의문을 품는 부분이 있습니다.

망막은 스크린입니다. 스크린은 2차원입니다. 그런데 우리는 3차원을 살아가고 있다고 생각하고 있습니다. 실제로 우리가 살아가는 세상이 3차원인 것은 맞습니다. 하지만 우리의 하드웨어인 눈은 분명히 2차원 형태를 가지고 정보를 분석합니다. 그런데 재미있게도 우리가 느끼는 것은 3차원입니다. 나머지 1차원은 어떻게 만들어진 것일까요? 이는 우리가 3차원 세상을 살아가고 있다고 느끼게 만드는 무언가를 해석하고 있음을 뜻합니다. 즉 존재하지 않는 무언가를 활용하고 있는 것입니다. 우리가 이 세상을 정확하게 바라보고 분석하고 있다고 생각했던 것이 사실은 착각의 결과였던 것입니다.

다음 페이지의 사진은 아이들이 굴렁쇠를 가지고 노는 모습입니다. 아이들이 굴리는 굴렁쇠가 우리 눈에 들어오면 망막에서 맺히는 상은 사진 속 그대로 찌그러진 모양입니다. 그런데 누구도 저렇게 찌그러진 굴렁쇠가 잘 굴러가느냐고 의심하지 않습니다. 우리 머릿속에선 저 사진을 보는 순간 이미 정확하게 동그란 이미지라고 생각하고 있기 때문입니다. 이처럼 우리는 보는 순간 세상을 왜곡합니다. 보는 순간 세상을 편집하며, 보는 순간 세상의 수많은 가능성 중 하나를 취해서 믿은 다음 보고 있다고 착각합니다. 그 이유는 무엇일까요? 세상에는 너무도 많은 가능성이 존재하기 때문입니다.

——굴렁쇠 굴리기

한 가지 질문을 던지겠습니다. 지금 자신이 있는 곳에서 서울시청까지 가는 방법은 몇 가지일까요? 택시, 지하철, 버스, 걸어가기. 대부분 상식적인 수준의 몇 가지 방법을 이야기합니다. 토끼뜀으로 갈 수도 있고, 돈이 많이 들지만 헬기를 불러서 갈 수도 있습니다. 그럼에도 우리 인간은 한두 가지 가능성을 빨리 취하고는 합니다. 그것이 적응하는 데 유리하기 때문입니다. 따라서 시각 역시 위의 굴렁쇠 사진처럼 보자마자 한 가지 가능성만을 받아들입니다. 이때 나머지 99.99%의 무한한 다른 가능성은 모두 사라집니다. 하지만 이는 급변하는 세상에서 2차원 정보만 가지고도 3차원 세상

어쩌다 어른

을 능동적으로 빨리 볼 수 있도록 만들어주는 긍정적 착각의 힘이 기도 합니다.

그런데 가끔은 시각을 통해 여러 가지 정보를 너무 많이 알고 있어서 착각하거나 세상을 잘못 해석할 때가 있습니다. 그 모든 종류의 일들을 가리켜 착시라고 부릅니다. 착시는 다양한 경험을 하고 산 우리가 적용하지 않아도 되는 상황에 경험에 따른 정보를 적용함으로써 발생합니다. 즉 무언가를 볼 때 전혀 상관없는 단서를 사용하면 착시가 일어나는 것입니다. 대표적인 것이 폰조 착시입니다. 폰조 착시는 사다리꼴 모양에 같은 길이의 선을 수평으로 놓

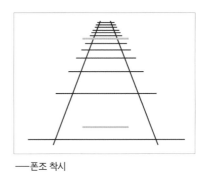

——폰조 착시

으면 위의 선분이 더 길어 보이는 착시 현상을 말합니다.

밑에 있는 노란 선과 위에 있는 노란 선이 같은 길이라는 것을 우리는 머리로 알고 있습니다. 하지만 고려되어서는 안 되는 배경인 철길이라는 정보까지 받아들여 위의 노란 선이 더 길게 보입니다. 철길로 인해 위의 선은 멀리 있고 아래 선은 가까이 있는데 망막에서는 같은 크기로 인식되었기 때문에 멀리 있는 위의 선이 더 길다는 계산이 인위적으로 만들어집니다. 특정 대상의 크기를 그 자체로 바라보지 않고 주변의 배경 정보까지 적용해 판단함으로써

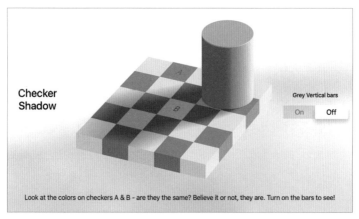

Checker
Shadow

Grey Vertical bars

On   Off

Look at the colors on checkers A & B - are they the same? Believe it or not, they are. Turn on the bars to see!

──착시 현상

착시가 일어난 것입니다. 우리의 시각은 같은 모양이라도 주변에 무엇이 있느냐에 따라 철저한 지배를 받습니다. 맥락이라는 것은 그만큼 우리에게 큰 영향을 행사합니다.

위의 그림 속 A와 B는 같은 밝기입니다. 망막 상에서도 같은 밝기로 받아들여집니다. 그런데 우리 머릿속에서 B에는 그림자가 드리워졌고 A는 그렇지 않기 때문에 원래 B가 더 밝을 것이라는 판단을 합니다. 시키지도 않은 계산을 한 것이죠. 하지만 A와 B의 주변을 가리고 바라보면 두 가지의 밝기가 같은 것을 확인할 수 있습니다. 이는 곧 내가 어떻게 살아왔고 어떤 경험을 쌓아왔느냐가 지금 보는 것의 대부분을 결정한다는 것을 뜻합니다.

따라서 직전의 경험은 엄청난 생각의 차이를 만들어냅니다. 불과 5초 전의 경험만으로 얼마나 다르게 볼 수 있는지를 확인할 수

어쩌다 어른

——안경 쓴 사람일까?

——쥐일까?

있는 그림이 있습니다.

먼저 윗줄의 그림을 차례로 보시기 바랍니다. 사람 그림을 연속으로 보면 마지막 그림은 안경을 쓴 사람으로 보입니다. 하지만 아랫줄의 동물 그림을 연속으로 보면 같은 그림이라도 쥐처럼 보입니다. 이처럼 우리는 인간이기 때문에 어쩔 수 없이 직전의 경험에 엄청난 지배를 받습니다.

일상생활에서도 마찬가지입니다. 가령 면접을 본다면 이러한 현상 때문에 오전에 보는 것이 유리합니다. 우리나라뿐 아니라 전 세계 대부분의 국가에서 부정할 수 없는 사실 중 하나가 오전에 본 면접자들이 더 많이 뽑힌다는 것입니다. 오전에 10명, 오후에 10명이 면접을 본다면 면접관은 기존의 정보가 없기 때문에 오전에 만난 지원자들 중 몇 명의 장점을 쉽게 파악합니다. 그러면서 면접관에게는 이상적인 지원자의 모습이 만들어집니다. 때문에 오후의 면접자들은 존재하지도 않는 이상적인 지원자와 싸워야 합니다. 같은 장점이라도 면접관에겐 특별하게 여겨지지 않습니다.

'아이들은 어른들의 생각보다 똑똑하고 어른들은 아이들의 생각보다 똑똑하지 못하다'는 말이 있습니다. 경험이 많을수록 착시와 착각의 확률이 높아지기 때문입니다. 실제로 아이들은 착시를 더 적게 경험한다는 연구 결과가 꽤 많습니다. 세상에 대한 정보가 적기 때문에 오히려 어른들보다 정확하게 세상을 파악하는 것입니다. 이러한 증거는 곳곳에 많습니다. 선거 기간에 여론조사 기관에서 다양한 방법을 동원해 당선자를 예측한 결과보다 7세 아이들이 후보들의 사진만 보고 판단했을 때 최종 결과를 더 잘 예측했다는 연구 결과도 있습니다. 실제로 우리는 뽑을 사람을 이미 정해놓은 다음 이데올로기부터 정책까지 그에 맞는 이유를 가져다 붙이는 경우가 많습니다. 하지만 아이들은 가장 본질적인 것만을 생각하고 판단합니다.

우리의 감각을 지배하는 것들

우리 신체기관 중 가장 무거운 곳은 피부입니다. 이곳을 통해 우리는 촉감각을 경험합니다. 그런데 촉감각 중에서도 특별히 민감한 부분이 있습니다. 이역점 또는 공간역이라고 하는 곳으로 피부의 두 점을 자극했을 때 두 곳을 자극한다고 느끼는 최소한의 거리를 뜻합니다. 손바닥 위의 두 곳을 이쑤시개로 찔렀을 때 분명히 다른 지점을 찌르고 있지만 상당히 거리를 둬야 두 곳을 찌르고 있다고 느끼는 부위가 있고, 조금만 거리를 둬도 두 곳을 찌른다고 느끼는 부위가 있습니다. 민감한 부위일수록 거리가 짧으며 그 최소한의 거리가 이역점입니다.

아래 사진은 우리 피부 중 민감한 곳을 표현한 것입니다. 입술, 손 등이 특히 민감하며 엉덩이나 허벅지 같은 곳은 그다지 민감하지 않습니다. 민감한 곳일수록 뇌에서 더 많은 영역을 차지하고 있습니다.

접촉이라는 것은 좋아하는 감정을 표현하는 방법 중 하나이지만 접촉을 통해 좋다는 감정을 느끼게 될 수도

——자극에 민감한 피부

있습니다. 외국에서 자동차를 판매하는 딜러 중 유독 실적이 좋은 사람이 있었습니다. 알고 보니 그 비결이 바로 접촉이었습니다. 날씨가 추운 지역에 살고 있는 그 딜러는 출근하자마자 헤어드라이어로 자동차 문고리를 적당하게 데워 놓았습니다. 자동차를 사러 방문한 고객이 문을 열 때 최적의 따뜻함을 느낄 수 있도록 한 것입니다. 덕분에 그는 그 지역에서 가장 실적이 좋은 딜러가 됐습니다. 실제로 우리는 더 많이 만지고 접촉한 제품을 구매합니다.

하지만 우리의 피부가 단순히 접촉만을 통해서 무언가를 느끼는 것은 아닙니다. 우리 몸은 능동적 촉감각과 수동적 촉감각을 달리 가지고 있습니다. 시각장애인이 점자책을 읽을 때 손끝은 가만히 있고 책이 움직이는 것(수동적 촉감각)보다 직접 손끝을 움직여 책을 읽는 것(능동적 촉감각)이 내용을 이해하는 데 유리합니다. 우리 몸은 움직일 때마다 자신의 상태와 위치를 계속해서 반영합니다. 움직이지 않고 있다고 느끼거나 움직일 수 없는 상황일 때는 사람의 감각이 떨어집니다. 특히 촉감은 다른 감각보다 예민해서 단순한 접촉이 아니라 문화와 맥락의 영향을 많이 받습니다.

인도 남부 지역에는 사람 등의 맨살에 갈고리를 끼워 공중에 들어 올린 뒤 돌리는 훅스위닝hookswinging이라는 종교적 고행 의식이 존재합니다. 생각만 해도 아플 것 같지만 실제로 의식을 행하는 사람들은 그렇게 큰 고통을 느끼지 않는다고 합니다. 촉감각에서 느끼는 고통은 그 문화에서 그것을 불안하게 만드느냐, 불안하지 않게 만드느냐에 철저한 지배를 받습니다. 불안할 때 맞으면 많이 아프지만 불안하지 않을 때 맞으면 덜 아픕니다. 실제로 전쟁이라는 불안한 상태에서 교전 중 상처를 입은 병사들은 응급실에 있는 환자보다 더 강력한 진통제를 요구합니다. 그런데 구급차로 후송되어 불안한 전장을 빠져나오면 고통이 급감합니다. 불안이 고통을 늘리기도 하고 줄이기도 하는 것입니다.

이번에는 청각에 관해 이야기해 보겠습니다. 만일 듣지 못하는 것과 보지 못하는 것 중 하나를 감내해야 한다면 어떤 상황을 받아들이겠습니까? 대부분 차라리 듣지 못하는 게 그나마 낫다고 대답합니다. 하지만 시각과 청각 중 하나를 잃었을 경우 소리를 듣지 못하는 사람들의 행복이 상대적으로 덜 행복하다고 합니다. 두 가지 감각을 모두 잃은 헬렌 켈러는 이런 말을 남겼습니다.

"Blindness separates us from things but deafness separates us from people."

보지 못한다는 것은 우리를 사물로부터 분리시키지만 듣지 못한다는 것은 우리를 사람들로부터 고립시킨다. 청각과 소리의 중요함을 역설한 것입니다. 우리가 소리의 속성이나 듣는다는 것을 이해하면 그동안 잘 몰랐던 인간의 마음에 대해 깨달을 수 있습니다. 그리고 소리를 통해 인간의 마음에 대해 눈뜰 수 있습니다.

내 목소리를 말하면서 직접 듣는 것과 녹음해 놓고 나중에 듣는 것에는 확연한 차이가 있습니다. 직접 말할 때 듣는 목소리가 더 풍부하고 녹음해 듣는 목소리는 약간 맹맹한 소리가 납니다. 그런데 다른 사람이 듣는 내 목소리는 녹음해 듣는 목소리에 가깝습니다. 즉 내가 듣는 내 목소리와 남이 듣는 내 목소리가 조금 다릅니다. 그 이유는 녹음한 내 목소리를 들을 때는 고막만 울리지만 직접 말하면서 내 목소리를 들을 때는 성대를 울리면서 머리도 같이 진동하기 때문입니다. 하나의 울림과 두 개의 울림의 차이가 청각의 차이를 가져오는 것을 통해 소리에서 가장 중요한 것은 울림이라는 결론에 도달할 수 있습니다. 그리고 우리의 귀는 세상으로부터 받은 에너지를 어떻게든 울림으로 만들어 그 정보를 처리하는데 그것이 바로 우리가 듣는 모든 종류의 소리입니다.

울림의 감각인 소리는 두 가지로 이루어져 있습니다. 크기와 높낮이입니다. 소리의 크기를 나타내는 단위는 데시벨(dB)이고 높이를 나타내는 단위는 헤르츠(Hz)입니다. Hz는 1초에 1회의 사이클을 의미하는 것으로 인간은 20Hz부터 2만Hz까지 들을 수 있습니다. 인간이 들을 수 있는 영역이 한정된 것은 세상 모든 일에 참견할 수 없기 때문입니다. 우리가 모든 소리를 들을 수 있게 되면 집 앞 곤충이 지나가는 소리부터 하늘의 구름이 움직이는 소리까지 우리 세포들이 쉬지 않고 반응하는 데 에너지를 사용하느라 다른 일을 할 수 없게 됩니다. 따라서 인간은 적은 에너지만으로도 한정된 영역인 사람의 목소리를 알아듣고 집중할 수 있도록 만들어졌습니다.

소리가 울림이라면 '마음을 울린다'는 것은 이성과 감정 중 어디에 가까운 표현일까요? 감정입니다. 귀는 눈보다 우리 감정을 더 많이 자극합니다. 실제로 눈으로 보기만 하는 것보다 귀로 듣기만 할 때 더 감정적으로 변하는 경우가 많습니다. 청문회가 열릴 때 TV로 본 사람들과 라디오로 들은 사람들 중 라디오를 들은 사람들이 더 격하게 반응합니다. 듣는 것이 보는 것보다 더 정서적인 행위이기 때문입니다. 커뮤니케이션을 연구하는 사람들이 시각을 건조한

어쩌다 어른

정보라는 '드라이 인포메이션dry information', 청각을 촉촉한 정보라는 '웻 인포메이션wet information'이라 칭하는 것도 같은 의미입니다.

오감 중 남은 두 가지 감각은 후각과 미각입니다. 갓 태어난 아이가 힘들이지 않고 할 수 있는 일은 젖을 빠는 것입니다. 따라서 후각과 미각은 태어났을 때 가장 발달되어 있는 감각인 동시에 떼어놓기 어려운 상호작용하는 감각입니다. 두 감각은 한쪽이 막히면 나머지 한쪽도 제 기능을 못 합니다. 코감기에 걸리면 입맛이 없어지는 현상을 생각하면 이해가 쉽습니다.

그런데 인간의 후각과 미각만큼 문화적 지배를 받는 것도 없습니다. 한 문화에서는 말도 안 되게 괴로운 맛이나 냄새가 다른 문화에서는 너무도 괜찮은 맛이나 냄새인 경우가 비일비재합니다. 우리나라 사람들은 청국장을 맛있게 먹지만 외국 사람들은 기겁을 합니다. 맛의 기본은 짠맛, 신맛, 쓴맛, 단맛이지만 우리나라 사람들은 이 4가지에 별 관심이 없습니다. 오히려 매운맛에 관심이 많습니다. 라면의 매운맛, 떡볶이의 매운맛이 다름을 구별하는가 하면 매운 정도까지 세세하게 구분하기도 합니다. 이처럼 미각과 후각은 문화 종속적인 특성이 강합니다.

그런데 미각처럼 간사한 것이 없습니다. 우리는 좋아하는 노래를 매일 들을 수 있고, 좋아하는 그림을 매일 볼 수 있습니다. 그런데 맛은 단 몇 차례만 반복해도 쾌감에서 고통으로 변합니다. 각설탕 하나를 먹으면 달아서 쾌감을 느끼지만 3개, 5개, 7개까지 계속해서 먹으면 불쾌감을 느낍니다. 그래서 우리는 아무리 맛있는 음식이라도 연속해서 여러 번 먹지 못합니다. 맛에 있어서만큼은 한 번의 경험이 중요한 이유가 여기에 있습니다. 큰 전기충격을 받기 직전에 단맛을 보게 되면 평생 단 음식을 먹지 못할 수도 있습니다. 미각에 일회성의 경험이 중요한 것은 음식이 물질이기 때문입니다.

시각은 아무리 안 좋은 것을 봐도 생명의 위협을 느끼지 않습니다. 청각도 너무 큰 소리로 청각기관에 손상을 주지 않는 한 생명의 위협을 느끼기 어렵습니다. 하지만 코로 들어오고 입으로 들어오는 것은 단 한 번이라도 우리에게 엄청난 손상을 미칠 수 있습니다. 무언가 먹고 크게 체한 경험이 있으면 다시는 그 음식을 먹고 싶지 않은 것처럼 미각과 후각에 있어서만큼은 일회성 경험을 끝까지 가지고 갑니다.

우리는 이미 육감을 체험하고 있다

지금까지 이야기한 인간의 오감은 모두 연합되어 있습니다. 우리가 하나의 정보만 가지고 꽤 많은 사실을 알 수 있는 것은 감각의 연합 덕분입니다. 심리학자 엘리자베스 뉴턴Elizabeth Newton은 박사학위 논문을 쓰면서 감각이 동떨어져 있을 때 큰 의미를 갖지 못한다는 것을 확인하기 위한 실험을 했습니다. 그녀는 실험에 참여한 사람들을 두 무리로 나누어 한쪽에는 사람들이 잘 아는 노래 제목을

어쩌다 어른

알려주고 리듬에 맞추어 손으로 테이블을 두드리는 일을 맡겼고, 다른 한쪽에는 노래 제목은 모른 채 두드리는 소리만 듣고 노래 제목을 맞추도록 했습니다. 실험을 하기 전 그녀는 테이블을 두드리는 사람들에게 상대가 정답을 맞출 확률을 물어보았고 평균적으로 50%라고 예측했습니다. 그런데 실험 결과는 겨우 2.5%만 제목을 맞췄습니다. 우리의 감각은 교류를 통해 정보를 해석하기 때문에 한 가지 감각의 정보만 제공하면 별다른 의미를 갖지 못해 이러한 결과를 가져온 것입니다.

우리가 가진 오감을 합치면 육감이라는 것이 발동합니다. 육감과 오감의 차이는 '증거'입니다. 눈에 보이거나 귀에 들리는 등의 증거가 있으면 오감입니다. 하지만 이유도 모르고 증거도 없지만 어떤 생각이나 행동이 맞을 때 우리는 육감이 적중했다고 말합니다. 우리가 사용하는 언어 중 '손 씻었다'라는 표현이 있습니다. 이제 더는 나쁜 짓을 하지 않는다는 말입니다. '그 사람 참 따뜻해'라는 말은 체온이 높다는 것이 아니라 나에게 잘해주고 친근한 사람을 뜻합니다. '그 더러운 손 치워'라는 말도 손에 무엇이 묻었다는 뜻이 아닙니다. 이들 표현은 모두 감각을 이야기합니다. 우리가 이런 말을 사용하는 것은 감각이 인간의 생각과 판단에 매우 큰 영향을 미친다는 것을 증명합니다. 그리고 이 모든 것이 바로 '육감'입니다.

내 몸과 우리의 생각, 즉 오감과 우리의 생각이 적극적으로 상호작용하는 것이 육감이며 이미 우리는 수많은 육감을 체험하고 있습니다. 이를 가리켜 '체화된 인지'라고 합니다. 재미있는 실험 결과가 있습니다. 따뜻한 커피를 손에 쥔 면접관은 지원자를 따뜻하게 평가하고 차가운 커피를 쥔 면접관은 지원자를 냉정하게 평가한 것입니다. 신체의 작은 변화가 생각과 행동의 변화로 연결된 것입니다.

추운 겨울에는 TV에서 로맨틱 영화를 자주 방영합니다. 몸이 추우면 마음이 따뜻한 영화를 원하기 때문입니다. 여기서 따뜻하다는 것은 우리의 체온이 아닌 우리의 생각과 마음입니다. 우리는 이것을 구분하지 않고 오히려 상호작용을 하도록 합니다. '그 사람 입이 참 무거워'라는 말에는 신중하다는 뜻이 담겨 있습니다. 재미있게도 말이 아니라 실제로 무겁다는 감각을 인위적으로 전달해도 우리의 생각이 변할 수 있습니다. 같은 이력서라도 채용 담당자가 무거운 파일 폴더 위에 올려놓고 봤을 때와 가벼운 비닐 폴더 위에 올려놓고 봤을 때의 평가가 다릅니다. 무거운 폴더 위에 올려놓은 이력서의 사람을 더 신중하다고 평가합니다. 이러한 것들이 모두 착각 같지만 육감입니다.

신체적 변화는 생각의 변화뿐 아니라 호르몬의 변화도 가져옵니다. 하버드 대학의 에이미 커디Amy Cuddy 교수는 우리가 취하는 자세가 가져오는 변화에 관한 실험을 진행했습니다. 실험 참가자에게 먼저 의기양양하고 당당하게 보이는 큰 자세를 2분간 취하도록 한 뒤 도박을 하게 하자 모험적으로 참여하는 비율이 86%, 수컷 지향적 공격 호르몬인 테스토스테론이 20% 증가했습니다. 반대로 참가

어
쩌
다
어
른

자들에게 의기소침하고 겸손해 보이는 작은 자세를 2분간 취하게 한 뒤 도박을 하게 하자 모험적으로 참여하는 비율이 60%, 테스토스테론이 10% 감소했습니다. 특정 자세를 취하는 것만으로도 자신감이 강해지거나 약해지고 호르몬의 변화까지 일어났습니다. 우리는 자신감이 필요한 중요한 일을 앞두고 있을 때 2분간만 당당해 보이는 커다란 자세를 취하는 것만으로도 마음과 호르몬의 변화를 누릴 수 있습니다. 이 또한 육감의 영역입니다.

육감은 도덕성과도 연결되어 있습니다. 실험 참가자에게 자료 수집을 위해 직접 악플을 달도록 요구했습니다. 그러자 자신의 손으로 좋지 않은 댓글을 단 참가자들은 평소보다 더 오랜 시간 손을 씻었습니다. 또한 실험을 목적으로 욕을 하도록 하면 그들은 실험이 끝난 뒤 평소보다 오래 양치질을 합니다. 도덕적 사고가 행동으로 연결된 것입니다.

좋은 경험보다 많은 경험이 중요하다

이렇듯 우리 몸에서 많은 일을 담당하고 있는 감각 세포들이지만 사용하지 않으면 필요 없다고 여겨 사라지고 맙니다. 옥스퍼드 대학의 코린 블랙모어Colin Blakemore 교수는 고양이를 대상으로 한 가지 실험을 진행했습니다. 보이는 것이라곤 세로줄 무늬뿐인 밝고 작은 방에 갓 태어난 고양이를 하루에 두 시간씩 두고 나머지 22시간은 매우 어두운 연구실에서 보내도록 했습니다. 3개월 후 고양이를 책상 위에 올려둔 뒤 바닥에는 가로줄 무늬가 그려진 플라스틱판을 깔아놓고 고양이를 떨어뜨리려고 했습니다. 하지만 고양이는 절대로 뛰어내리지 않았습니다. 이번에는 바닥의 플라스틱판을 세로줄 무늬로 바꾼 뒤 고양이를 떨어뜨리려 하자 아무렇지도 않게 세로줄 무늬가 그려진 플라스틱판으로 뛰어내렸습니다. 고양이는 간단하게 넘을 수 있는 수평 바 조차 넘지 못했습니다. 3개월간 가로줄 무늬에 반응하는 세포들이 스스로를 필요 없는 존재라고 생각해 퇴화한 결과입니다. 따라서 이 세상을 살아가기 위해서는 다양한 감각을 사용할 수 있도록 많은 경험을 하는 것이 좋습니다.

우리가 다양한 경험을 해봐야 하는 또 다른 이유는 장수의 비결이기 때문입니다. 자세하게 표현하자면 같은 시간을 살고도 더 오래 살았다고 생각하게끔 만드는 비결입니다. 인간에겐 물리적인 수명도 있지만 정신적 수명도 있습니다. 심리적으로 긴 인생, 그리고 재미있는 인생을 살아야 자신의 인생을 길게 볼 수 있습니다.

우리가 다양한 경험을 하지 못하고 비슷한 경험만 하게 되면 필연적으로 시간은 빨리 흘러가게 되어 있습니다. 대부분의 사람들은 지난 10년간 자신에게 엄청난 변화가 있었다고 생각합니다. 하지만 앞으로의 10년간은 그만큼 변하지 않을 것이라 생각합니다. 시간이 지날수록 비슷한 경험을 많이 하기 때문입니다. 더 많이 변화하고 새로운 경험을 많이 하는 사람은 시간이 더디게 간다고 느껍니다. 반면 변화 없는 삶을 사는 사람의 시간은 상대적으로 빠르게 흘러갑니다. 그럼에도 우리는 새로운 경험을 귀찮게 여깁니다. 처음 떠오른 생각을 쉽사리 버리지 못하는 인간의 특성 때문입니다.

처음 떠오른 생각을 버리기 위해서는 반드시 그 생각이 일어난 곳으로부터 물리적으로 나와야 합니다. 새로운 곳을 걷거나 잠시 하던 일을 멈추고 자신에게는 낯선 일을 하는 등 색다른 경험을 해야 합니다. 다른 경험은 두 번째 떠오르는 생각을 만드는 계기가 됩니다. 하지만 우리는 그렇지 못합니다.

지난 12년간 제가 사는 집에서 수업을 하는 아주대학교까지 다양한 길이 뚫렸습니다. 그럼에도 저는 늘 같은 길로 출근합니다. 어쩌면 더 빨리 학교에 도착할 수 있을지도 모르는데 학교까지 가는 길이라는 한 번 떠오른 생각을 버리지 못한 까닭입니다. 우리에겐 처음 떠오른 생각을 과감히 버리는 용기와 앞으로 펼쳐진 미래에 큰 변화가 있을 것이라 생각하는 마음가짐이 필요합니다. 잠시 다른 경험을 한다는 것은 인간으로 하여금 지혜의 정점을 달려가게 해주며, 변화를 받아들이는 마음은 미래에 대한 적응력을 키워줍니다.

그런데 미래는 절대 변하지 않을 것이라며 과소평가하는 사람이 있습니다. 이런 예측을 하는 것은 바로 직전에 큰 성공을 거둔 사람들입니다. 이들은 미래가 변하지 않기를 강력히 바랍니다. 이들은 인류 역사상 바보 같은 예측을 정말 많이 해왔습니다. 1970년대에 상업용 컴퓨터 시장을 주도한 디지털 이퀴프먼트사를 설립한 케네스 올슨Kenneth Olsen은 앞으로 절대 PC 시장은 오지 않는다는 바보 같은 예측을 했습니다. 1986년 무선통신을 완성한 윌리엄 프리스William Preece는 영국에서는 하인들을 보내면 되는데 무엇하러 전화기를 쓰겠느냐며 앞으로 전화기 시장은 절대 오지 않는다는 어리석은 예측을 했습니다. 빌 게이츠Bill Gates조차 도스가 큰 성공을 거둔 뒤 했던 첫 번째 예측 중 하나가 앞으로 컴퓨터의 램 메모리 사이즈는 절대 640kb를 넘지 않는다는 것이었습니다. 도스가 변하지 않고 계속 유지되었으면 좋겠다는 속내를 예측에 드러낸 것입니다. 제1차 세계대전 프랑스군 장군이자 연합군 측의 총사령관이었던 페르디낭 장 마리 포슈Ferdinand Jean Marie Foch는 참호전에 대한 모든 전략과 교범을 완성한 인물입니다. 덕분에 제1차 세계대전에서 프랑스가 승리하는 데 혁혁한 공을 세운 영웅 중 한 사람인 그는 '비행기는 절대 무기가 될 수 없다'는 제2차 세계대전에 대한 미래 변화의 적응력을 키우지 못하는 예측을 했습니다. 이처럼 인류 역사상 큰 성공이나 성과를 거둔 사람들은 미래의 변화를 매우 작게 예측했습니다. 첫 번째 성공의 경험에 도취되거나 빠져나오지 못하면 두 번째 성공을 만들어낼 수 없습니다. 성공을 하면 할수록, 성취를 이루면 이룰수록 다른 경험을 해봐야 합니다.

어쩌다 어른

4

현실이란 무엇인가?

| 김 대 식 |

혹시 '우리가 살고 있는 세상이 컴퓨터 시뮬레이션은 아닐까?' 혹은 '우리가 살고 있는 이 현실 자체가 이미 다른 사람의 상상은 아닐까?' 하는 생각을 해본 경험이 있으신가요? 만일 내가 타인의 상상이라면 어떻게 사는 것이 적절한 삶일까요?

이 질문의 답을 찾기 위해서는 가장 먼저 '산다는 것은 무엇일까?'라는 또 다른 질문을 던져야 합니다. 우리는 우주 속 아주 작은 지구에서 태어났습니다. 재미있게도 우리는 이 세상에 태어날 때 단 한 번도 세상에 태어나겠다는 동의를 한 적이 없습니다. 그냥 눈을 뜨니 태어나 있었습니다. 그렇게 태어나서 운이 좋으면 학교에 가고, 사랑하는 사람을 만나고, 가족을 이루고, 멋진 집에서 은퇴하는, 인간이 가질 수 있는 최고의 삶을 살게 됩니다. 운이 나쁘면 쓰나미와 같은 자연재해를 겪기도 하고 전쟁의 참혹함이나 나치와 같은 시대적 불운을 겪기도 합니다.

출생은 우리가 선택할 수도 바꿀 수도 없는 우연의 결과인 것입니다. 결국 우리가 알고 있는 현실은 '과학적 현실'이 있고 '인간이 느끼는 현실'이 있고 우리 '인간의 삶이라는 현실'이 있습니다. 좋기도 하고 나쁘기도 한 우연의 결과이지만 우리는 이것들을 현실이라고 받아들이며 살고 있습니다.

흐리멍덩한 파란 점 속의 우리

과연 이렇게 규정된 현실이 전부일까요? 공기 좋은 곳에서 밤하늘을 올려다보면 은하수가 보입니다. 우리는 수만 년 동안 같은 하늘을 보며 살아왔습니다. 그리고 이런 의문을 떠올립니다. '도대체 저것은 무엇일까? 어떻게 떨어지지 않고 하늘에 있을까?' 하늘이 늘 궁금했던 인간은 오래전부터 하늘이 무엇인지 파악하기 위해 노력해 왔습니다.

89쪽의 위의 그림은 중세시대에 세상을 연구하는 철학자의 모습을 표현한 것입니다. 우리 눈에 보이는 밤하늘 뒤의 모습을 너무도 궁금해하는 인간의 호기심을 잘 보여주고 있습니다.

아래 그림은 고대 인도철학에서 가졌던 생각을 그린 것입니다. 그들은 '우리가 살고 있는 이 거대한 땅을 받치고 있는 것은 정말

어쩌다 어른

——중세시대 철학자

——고대 인도철학의 생각

— 〈옛적부터 항상 계신 이〉

엄청난 것이겠구나'라는 생각을 했고 마침내 거대한 코끼리들이 거대한 지구를 받치고 있다고 여겼습니다. 그런데 그림을 보면 코끼리 밑에는 더 튼튼해 보이는 큰 거북이가 있습니다. 거북이 밑에는 거북이보다 더 거대한 뱀이 있습니다. 그렇다면 뱀 밑에는 무엇이 있을까요? 끝없이 이어질 수밖에 없습니다. 지금의 시각에서는 말도 안 되는 상상이지만 수천 년 전의 사람들은 이렇게 해서라도 자신들의 호기심을 풀고 싶어 했습니다. 이처럼 우리가 살아온 세상은 다양한 문명만큼 다양한 생각과 호기심을 가지고 있습니다.

위의 그림은 영국의 시인 겸 화가 윌리엄 블레이크William Blake의 〈옛적부터 항상 계신 이〉라는 작품입니다. 종교계의 입장에서는 마음과 지식과 의도를 가진 누군가가 선한 의도를 가지고 우주를 창조했다고 주장합니다. 그런데 현대 과학은 조금 다른 식으로 접근합니다. 우주라는 것은 누군가의 의도로 만들어진 것이 아니라 138억 년 전에 갑자기 무無에서 만들어졌다는 것입니다. 그리고 138억 년 전 우주가 창조되었을 때 우주 대폭발인 빅뱅의 근접을 여전히 볼 수 있다는 것입니다.

미항공우주국NASA이 천체 관측을 위해 지구 궤도에 올려놓은 허블 우주 망원경이 촬영한 장면 중 '창조의 기둥'이라는 유명한 사진이 있습니다. 아래의 왼쪽 사진이 그것입니다.

우주에서 촬영한 것인데 사실 사진 속 형체는 모두 우주의 먼지입니다. 지구로부터 약 7,000광년 떨어져 있는 성간가스와 성간먼지 덩어리를 촬영한 것입니다. 그런데 재미있는 것은 먼지 끝에 뾰족하게 튀어나온 것들이 있는데 바로 새로 탄생하는 별들입니다. 그 부분을 확대한 것이 오른쪽 사진입니다. 우리가 바라보는 별은 우주 공간의 가스나 먼지가 뭉친 성운에서 만들어지는데 우연히 별들이 탄생하는 장면을 현대 과학이 촬영했습니다. 그리고 우리는 별이라는 것이 성운에서 뾰족뾰족하게 튀어나오듯이 만들어진다는 새로운 사실을 알게 되었습니다.

우주에 관해 생각하기 시작하면 그 끝을 알 수 없습니다. 우리는

——창조의 기둥

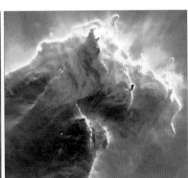

——별들의 탄생

지구에 살고 있지만 지구는 태양계의 세 번째 행성입니다. 태양계는 수천억 개의 별과 성운이 포함된 은하계에 속해 있습니다. 그 은하계는 우주에 존재하는 수많은 은하계 중 하나입니다. 즉 수천억 개의 은하계 중 하나인 우리의 '은하수', 그 안에 있는 수천억 개의 별 중 하나인 '태양', 그 태양계에서 세 번째 행성인 '지구', 지구의 한구석인 '대한민국', 대한민국의 한구석인 '어딘가'에서 우리는 각자의 삶을 살고 있는 것입니다. 이것이 팩트입니다.

광활한 우주에서 우리의 존재가 이토록 작고 보잘것없다는 현실만을 받아들이면 앞으로 우리가 하는 생각과 행동은 아무런 의미도 갖지 못합니다. 우주적으로 보자면 겸손함을 갖는 것이 당연하지만, 우리가 알고 있는 우주 속 생명체 가운데 우주에 관해 생각할 수 있는 것은 우리 인간이 유일하다는 사실을 되새겨볼 필요가 있습니다. 즉 인간은 우주에 비해 아주 미미한 존재이지만 동시에 위대한 존재이기도 한 것입니다.

미국의 천문학자 칼 세이건Carl Sagan이 쓴 《코스모스》에는 재미있는 그림이 하나 나옵니다. '창백한 푸른 점Pale Blue Dot'이라 이름 붙인 그것은 바로 우리가 살고 있는 지구입니다. 우주 전체에서 인간이라는 우리 생명체가 존재하는 지구는 흐리멍덩한 점 하나에 불과합니다. 칼 세이건은 이렇게 작은 곳에서 살아가는 우리가 서로를 사랑할 필요까지는 없지만 죽이지는 말자고 이야기합니다. 이 조그마한 곳에서 치열하게 싸울 필요가 없다는 것입니다. 아직 우리는

어쩌다 어른

——창백한 푸른 점

우주에 관해 모르는 것이 너무도 많습니다. 하지만 칼 세이건의 이야기는 수천 년 뒤 인류가 사람과 우주의 관계를 과학적 사실을 넘어 마음으로 느낄 수 있게 된다면 지금 우리가 가진 많은 문제들이 조금이나마 사라지지는 않을까 하는 희망을 전해 줍니다.

아무도 진짜 세상을 모른다

꿈속에서 나비가 되어 세상을 누비며 날아다녔던 장자#子는 꿈에서 깨어난 뒤 "내가 꿈에서 나비가 된 것인가, 나비가 꿈에서 장자가 된 것인가?"라는 질문을 던집니다. 무엇이 꿈이고 무엇이 현실인가를 깨닫고자 한 것입니다.

우리가 알고 있는 현실이 전부가 아닐 수도 있음을 경험할 수 있는 것이 바로 꿈입니다. 인간은 매일 밤 평균 5~6번의 꿈을 꿉니다. 그렇다면 꿈과 현실의 차이는 무엇일까요? 가장 핵심적인 차이는 현실은 연결이 되지만 꿈은 연결되지 않는다는 것입니다. 장자가 나비가 되는 꿈을 꾸었지만 그다음 날 다른 꿈을 꾸었다면 그것은 꿈입니다. 그런데 매일 꾸는 꿈이 연결된다면 그것은 현실이라고 할 수 있습니다. 이야기가 연결되는 것이 현실이고 연결되지 않으면 꿈입니다.

예를 들어 지금 우리가 평소처럼 생활하고 있는데 내일 갑자기 어떻게 갔는지도 모르게 뉴욕에 와 있다면 그것은 꿈일 가능성이 높습니다. 인과관계가 없기 때문입니다. 내가 어떻게 서울에서 뉴욕까지 갔는지, 공항에 가서 비행기를 타는 장면 장면을 연결해주는 인과관계가 존재하지 않는다면 현실일 가능성은 극히 낮습니다.

이처럼 우리는 지금도 꿈과 현실의 차이를 알아내려 노력하고 있습니다. 그런 의미에서 과학적이고 철학적으로 꿈과 현실에 관해 질문하기 시작한 사람이 바로 플라톤Plato입니다. 그의 '동굴의 비유'는 매우 유명합니다. 어두운 동굴 속에서 묶인 채 평생을 살아온 죄수들이 볼 수 있는 것은 진짜 현실이 아니라 바깥세상에 존재하는 물체들의 그림자라는 것입니다. 그러면서 우리도 이처럼 평생 그림자만 보며 살 수 있다고 경고했습니다. 그는 왜 이런 생각을 한 것일까요?

——동굴의 비유

그리스 철학에서 중요하게 다룬 문제 중 하나가 보편성입니다. 보편성이라는 것은 무엇일까요? 우리는 분명히 '고양이'라는 보편적인 단어를 가지고 있습니다. 그런데 고양이들은 저마다 다르게 생겼습니다. 이렇게 다르게 생긴 녀석들인데 왜 우리는 통틀어 고양이라고 부르는 걸까요? 고양이라는 보편성이 만들어진 배경은 무엇일까요? 반대로 고양이란 무엇인지 표현해 보려고 아무리 노력해도 완벽한 표현을 찾을 수 없습니다.

'고양이는 털이 짧다'고 정의하기엔 페르시안 고양이처럼 털이 긴 종류가 존재합니다. '고양이는 털이 길 수도 있다'라고 정의하면 아예 털이 없는 스핑크스 고양이가 방해를 합니다. 이처럼 계속 반대 예제들이 나오기 때문에 현실을 완벽한 언어로 표현할 수 없습니다.

그럼에도 우리는 '고양이', '개', '사람', '신' 등과 같은 개념을 명확하게 가지고 있습니다. 이처럼 다른 모습을 가진 현상임에도 보편성을 알고 있는 의문에 대해 플라톤은 다음과 같은 답을 제시했습니다. 우리가 다르게 생긴 강아지들과 다르게 생긴 고양이들을 각자 같은 물체라고 이해할 수 있는 것은 우리 눈에 보이는 것들이 진짜 물체가 아니고 '이데아 세상'이라는 완벽한 세상에 존재하는 완벽한 그림자라는 것입니다. 그의 말을 들은 많은 사람들은 우리가 현실과 그림자를 구별하지 못할 리 없다며 비판했습니다. 그때 플라톤이 동굴의 비유를 들면서 태어나면서부터 그림자만 보고 살면 그것이 그림자인지 진짜 물체인지 모를 수 있다고 답합니다.

동굴 예제가 재미있는 것은 동굴 안에 잡혀 있던 죄수가 우연히 족쇄를 풀고 밖으로 나와 처음 태양을 보게 되면서부터입니다. 그가 볼 때는 태양이 진실입니다. 이때 두 가지 상황이 벌어질 수 있습니다. 첫 번째는 진실을 보여줘도 햇살이 너무 눈부셔서 진짜 세상을 보지 못하는 것입니다. 그동안 어둠에만 익숙했기 때문에, 즉 왜곡된 그림자만 보고 살면 진짜 세상을 보여줘도 알아보지 못하게 됩니다. 두 번째는 시간이 지나서 세상의 진실, 현실을 알아보고 다시 동굴 속 죄수들에게 내려와 동굴 밖 진짜 세상에 관해 설명하는 것입니다. 하지만 이때는 아무도 그의 말을 믿지 않습니다.

결국 우리가 왜곡된 세상에서 태어나서 자라다가 현실을 알아볼 기회를 맞이해도 그것이 현실이란 것을 못 알아보거나, 나 자신이 현실을 깨달아도 타인이 나를 이해하지 못한다는 것입니다.

17~18세기에 활동한 영국 철학자 조지 버클리George Berkeley는 "존재하는 것은 지각된 것이다"라고 말했습니다. 현실이라는 것은 오감을 통해 나의 뇌에 들어온 정보를 내가 느끼는 것이란 뜻입니다. 예를 들어 내가 꿈을 꿀 때 그것을 진짜로 느끼면 그 순간에는 현실이라 할 수 있습니다. 이는 현대 뇌과학에서 주장하는 것이기도 한데, 결국 이 세상은 존재하지만 인간은 이 세상을 직접 관찰하는 것이 아니라 플라톤의 동굴과 같은 어두컴컴한 두개골 안에 갇혀 산다는 것입니다. 그리고 뇌 안에 투사되는 그림자만 보며 살아가는 우리가 받아들이는 세상은 동굴 속 세상과 같습니다. 진실을 모

른 채 동굴이라는 가짜 세상에 갇혀 진짜라고 믿고 있는 우리는 어쩌면 진짜 세상을 모른 채 살고 있는지도 모릅니다.

진짜 세상이 어떻게 생겼는지 알 수 없는 이유 중 하나는 저마다 느끼는 세상이 완전히 다르기 때문입니다. 개와 고양이, 쥐, 곤충이 바라보는 세상의 모습은 우리가 보는 것과 매우 다릅니다. 개와 고양이는 가까운 것은 매우 선명하게, 멀리 있는 것은 흐리게 인식합니다. 쥐의 눈에 보이는 세상은 온통 흑백입니다. 곤충의 눈에는 이 세상이 수백 개로 복사되어 보입니다. 결국 인간과 쥐와 고양이, 곤충이 같은 세상에 살고 있지만 저마다 다른 세상을 느끼며 살아가고 있습니다.

그렇다면 누가 느끼는 현실이 진짜일까요? 모두 진짜 현실입니

——고양이가 바라보는 세상

다. 쥐의 현실이, 고양이의 현실이, 곤충의 현실이, 인간 각자가 느끼는 현실이 따로 있습니다. 이렇듯 각자 다른 것을 보고 자란 인간의 뇌는 현실을 절대적으로 보지 않

——곤충이 바라보는 세상

고 상대적으로 봅니다. 주변에 큰 것이 있으면 다른 것이 작게 보이고, 주변에 작은 것이 있으면 다른 것이 크게 보입니다.

때문에 모든 인간이 행복해지는 것은 불가능하지 않을까 생각해 봅니다. 기술이 발달하고 경제가 발전하면서 우리 모두가 더 잘 살 수는 있지만 행복이라는 단어 자체가 상대성을 갖고 있는 이상 모두가 행복할 수는 없습니다. 예를 들어 모든 사람이 키가 크다는 것은 성립될 수 없습니다. 나보다 더 작은 사람이 존재해야 상대적으로 크다는 게 증명됩니다. 행복도 마찬가지입니다. 결국 우리는 어쩔 수 없이 나의 행복을 위해서는 나보다 잘난 사람과의 비교를 멈춰야 합니다. 그들과 비교하면 내가 아무리 잘나가더라도 불행할 수밖에 없습니다.

현대사회의 가장 큰 문제 중 하나는 인터넷의 발달로 전 세계에서 일어나는 모든 일을 알수 있다는 것입니다. 그만큼 비교할 대상이 많아지고 우리는 불행으로 가는 지름길에 빠집니다. 지금 우리가 행복을 느끼는 가장 현명한 방법은 타인과의 비교가 아닌 과거

의 나와 비교하는 것입니다. 내가 과거의 나보다 훨씬 더 잘 나가고 건강하다면 행복해질 수 있습니다. 행복의 첫 단추는 비교할 대상을 잘 선택하는 것입니다.

내가 알고 있는 것들

우리의 뇌는 눈에 들어오는 정보를 그대로 처리하지 않고 차이값만을 계산해 읽습니다. 우리 현실은 모든 정보를 읽어야 할 만큼 빠르게 변하지 않습니다. 또한 모든 정보를 다 받아들이면 뇌의 용량은 금세 차버립니다. 따라서 진화적으로 별다른 일이 일어나지 않을 때는 눈에 들어온 이미지의 차이값만 받아들이게 되었습니다. 만일 차이값이 없으면 그 정보는 존재하지 않는 것으로 여깁니다.

차이값을 계산해 받아들이는 방식은 시각뿐 아니라 일상생활에서도 많이 사용됩니다. 예를 들어 어제 빼기 오늘은 대부분 큰 차이가 없습니다. 내일 빼기 오늘 역시 마찬가지입니다. 아침에 일어나 씻고, 출근해서 일한 뒤, 집에 와서 잠자리에 듭니다. 아침, 점심, 저녁을 먹긴 했지만 무엇을 먹었는지 자세히 기억하지 않습니다. 똑같은 일이 반복되기 때문에 뇌의 입장에선 입력할 가치가 없는 정보라고 해석한 것입니다. 그런 정보는 차이값을 계산해 큰 차이가 없으면 압축한 다음 삭제해 버립니다. 그렇게 시간이 지나면서 이런 과정이 반복되면 인생의 매너리즘에 빠지게 됩니다.

어
찌
다
어
른

같은 일만 반복하면 기억에 남는 것이 없습니다. 올해 2월에 무슨 일을 했을까요? 3년 전에는 무슨 일이 있었을까요? 바로 기억해 내지 못합니다. 절대적인 시간보다 기억에 남을 만한 일이 없다면 뇌가 봤을 때는 가치 없는 시간을 보낸 것입니다. 따라서 우리는 자신의 행복을 위해서라도 뇌가 기억할 만한 오늘을 살아야 합니다. 결국 살아남는 것은 나중에도 기억에 남는 것들입니다. 변화 없이 똑같은 일상을 보낸다면 우리는 아무 의미 없는 인생을 기록한 것에 지나지 않습니다.

아래 그림은 르네 마그리트René Magritte가 그린 〈이미지들의 배신〉이라는 작품입니다. 그림 속 글씨는 프랑스어로 '이것은 파이프가 아닙니다'라고 쓴 것입니다. 아무리 봐도 파이프처럼 생겼는데 화가

—— 〈이미지들의 배신〉

ⓒ Rene Magritte / ADAGP, Paris - SACK, Seoul, 2018

는 왜 파이프가 아니라고 말할까요? 그는 이것은 파이프가 아닌 파이프를 그린 그림이라고 말합니다. 아마도 우리가 현실과 지각적 해석을 착각해서는 안 된다고 말하고 싶었던 것 같습니다.

노벨물리학상을 받은 물리학자 리처드 파인만은 1974년 캘리포니아 대학 졸업연설에서 화물숭배(cargo cult)에 관해 이야기했습니다. 제2차 세계대전 당시 미국과 일본은 태평양에서 전쟁을 치렀습니다. 그때 남태평양의 섬에 미군의 활주로와 공군기지가 만들어졌습니다. 섬에 살던 원주민들은 하루에도 수차례씩 오가는 비행기를 보고 숲속으로 도망쳤습니다. 그리고 몰래 비행기를 관찰했습니다. 3년간 그들은 비행기에서 신기하거나 편리한 물건이 나오는 것을 지켜봤습니다.

전쟁이 끝나고 미군이 철수하면서 비행기도 모두 섬을 떠났습니다. 새롭고 신기한 물건을 얻고 싶었던 원주민들은 비슷하게 활주로를 만들고 나무로 비행기를 만들고 오두막을 만들어 관제탑을 세웠으며, 대나무로 안테나를 만드는 등 자신들이 보았던 비행장의 모든 것을 흉내 냈습니다. 그리고 언젠가 하늘에서 많은 음식과 신기한 물건을 가진 거대한 새, 즉 비행기가 올 것이라고 하염없이 믿었습니다.

파인만은 이 같은 원주민들의 행동을 가리켜 자신이 하는 행위의 진정한 의미를 모르는 채 행동한다면 흉내에 불과하다고 말했습니다. 그러면서 학생들에게 겉으로 보기에는 과학연구 방식을 따르는 것처럼 보여도 과학적 탐구 원칙을 제대로 갖추지 못하거나 스스로를 속이는 연구를 하고 있다면 그것은 과학적으로 아무런 의미도 갖지 못한다고 했습니다. 스스로를 속이지 않고 성실하게 과학적 탐구를 이어나가는 과학자의 의무를 지킬 것을 당부한 것입니다.

안타깝게도 화물 숭배는 대한민국 교육의 현실이기도 합니다. 학생들은 문제의 의미를 이해하기보다 수식만 외워서 남들보다 더 빨리 문제를 푸는 모방만 반복하고 있습니다. 원주민들처럼 나무 비행기만 만들어낸 셈입니다. 그렇게 만든 비행기는 결코 날지 못합니다. 깊은 생각 없이 깊은 의미를 이해하지 못한 상태에서 눈에 보이는 것만 모방하는 현실 역시 현실이라고 할 수 없습니다.

결국 우리는 이 세상을 세 가지로 나눠볼 수 있습니다. 알고 있는 것, 모른다는 사실을 아는 것, 그리고 무엇을 모르는지도 모르는 것입니다.

그렇다면 우리가 현실을 이해하기 위해 가장 먼저 시작해야 할 것은 '내가 알고 있는 것'을 파악하는 것입니다. 이는 데카르트 Descartes의 철학이기도 합니다. 그는 젊은 시절 프랑스 용병으로 네덜란드, 독일, 이탈리아에서 군 생

알고 있는 것

모른다는
사실을
아는 것

무엇을 모르는지
모르는 것

——나를 구성하는 세상

활을 하면서 나라마다 사람들이 다른 생김새를 가졌으며 다른 언어를 사용하고 생각도 다르다는 것을 알게 되었습니다. 프랑스인인 자신에게는 당연한 일들이 다른 나라 사람에게는 당연하지 않던 상황을 경험한 것입니다. 그 과정에서 데카르트는 프랑스에서 생각하는 진실이 보편적인 진실이 아닐 수도 있다는 것을 깨달았습니다.

이 생각은 꼬리를 물고 '그렇다면 내가 알고 있는 것 중 진실은 무엇일까?'라는 의문으로 이어졌습니다. 그러고는 상상 속에서 실험을 합니다. 나를 둘러싼 수많은 악마가 왜곡된 거짓을 내 머릿속에 집어넣어서 내가 지금 믿고 있는 것들이 모두 거짓일지도 모른다고 생각했습니다. 이후 데카르트는 모든 것을 의심하지만 적어도 단 하나의 진실은 있다는 결론에 다다릅니다. 내가 보고, 생각하고, 기억하는 모든 것이 거짓일지 몰라도 이것을 생각하는 내가 존재한다는 것은 진실이라는 것입니다.

"나는 생각한다, 고로 나는 존재한다"라는 그의 말은 이렇게 탄생했습니다. 내가 생각하기 때문에 존재한다는 것이 아니라, 많은 것이 왜곡되고 거짓일 수 있어도 나는 생각한다는 것입니다. 그리고 생각을 하는 존재가 바로 나이기 때문에 적어도 나라는 존재는 진짜라고 주장했습니다. 결국 나라는 존재만큼은 현실에서 존재해야 한다는 깨달음을 얻은 것입니다.

"나나나나나나나나나나나나나나나나나나나나나나나나나나나나나나나나나나나나나나나"

블라디미르 마야코프스키Vladimir Mayakovsky라는 러시아 시인이 쓴 작품입니다. 왜 '나'만 나열했을까요? 그의 시는 이 세상의 모든 것이 결국에는 나로 이루어졌다는 것을 이야기합니다. 셰익스피어 Shakespeare가 《로미오와 줄리엣》을 썼지만 두 사람의 아름다운 사랑은 내 안에서 내가 생각해서 내 기억으로 만들어내는 것입니다. 즉 '로미오와 줄리엣이 아름다운 장소에서 키스를 했다'는 것을 쪼개보면 '나(로미오), 나(줄리엣), 나(아름다운 장소) 나(키스)'가 됩니다. 그만큼 우리는 내가 중요하다는 것을 느끼고 있습니다.

그렇다면 데카르트의 '나는 생각한다, 고로 나는 존재한다'라는 말은 내가 없으면 아무것도 의미 없다는 뜻이기도 합니다. 여기서 우리는 '나라는 존재는 무엇일까?'라는 질문을 해볼 수 있습니다. 가장 쉬운 답은 '나는 나'라는 것입니다. 그런데 내가 아무리 나라고 해도 남들이 그것을 인정하지 않는다면 어떻게 될까요?

프란츠 카프카Franz Kafka의 유명한 단편소설 《변신》은 평범한 세일즈맨 그레고르가 어느 날 아침 자고 일어나니 벌레가 되어 있는 장면으로 시작합니다. 가족을 위해 열심히 일한 그였지만 벌레로 변한 모습을 본 가족들은 도망갑니다. 비록 외형은 벌레가 되었을지 몰라도 그의 자아는 예전의 그레고르입니다. 가족들은 서서히 벌레가 그레고르라는 사실을 인정합니다. 하지만 그는 끝내 가족들에게 버림받습니다. 그레고르의 이야기는 결국 나라는 존재는 나혼자서만 만들 수 있는 것이 아니라는 것을 알려줍니다.

아무리 스스로를 그레고르라고 주장해도 가족이, 사회가 그를 벌레로 받아들이면 그는 벌레일 뿐입니다. 즉 아무리 나라는 존재가 나라고 주장해도 주변에서 인정해 주지 않으면 나라는 존재의 의미가 사라질 수도 있습니다. 이는 인간이 호모 사피엔스라는 사회성을 가진 동물이기 때문입니다. 내가 아무리 자신감 넘치고 잘나도 매일 아침 주변 사람들이 "너는 바보야"라고 말하면 스스로를 바보라고 여길 수밖에 없습니다. 따라서 우리는 '나'라는 존재를 인정해주는 사람을 만나야 합니다.

스티브 잡스Steve Jobs 이후 실리콘 밸리 최고의 혁신가로 불리는 앨론 머스크Elon Musk는 얼마 전 한 인터뷰에서 "미래 인류가 컴퓨터 시뮬레이션에서 살고 있지 않을 확률은 10억 분의 1이다"라고 말했습니다. 이는 IT가 발전해서 우리가 미래에 증강현실에서 컴퓨터 게임을 한다는 이야기가 아닙니다. 지금 우리가 살고 있는 현실이 컴퓨터 시뮬레이션이지 않을 확률이 10억 분의 1이라는 것입니다. 즉 확률적으로 볼 때 이 현실이 컴퓨터 시뮬레이션이라는 뜻입니다.

우리는 동의 없이 우연히 이 세상에 태어났습니다. 우리가 선택해서 태어난 세상이 아니라는 것은 이 세상이 단 하나만 존재하는 것이 아니라 무한으로 많은 시뮬레이션 세상 중의 하나일 확률이 높다는 뜻이기도 합니다. 엘론 머스크의 이야기는 이 현실이 단 하나뿐인 진짜 현실일 확률이 10억 분의 1이라는 것입니다. 그의 메시지의 핵심은 이 현실이 시뮬레이션이든 시뮬레이션이 아니든 상관없다는 것입니다. 우리는 이 안에서 태어나고 이 안에서 잘 살고 있습니다. 그것이 우리의 현실입니다. 그렇다면 지금의 시뮬레이션에서 우리는 어떻게 살아야 할까요?

신기하게도 답은 하나뿐입니다. 그 전에 먼저 길가메시Gilgamesh의 이야기를 들려드리겠습니다. 길가메시는 고대 메소포타미아 문명의 전설적인 왕으로 부와 권력, 사랑 등 모든 것을 가진 존재였습니다. 그런데 어느 날 모험을 떠나던 중 사랑하는 친구가 죽고 맙니다. 순간 길가메시는 인간이란 이렇게 부질없이 죽을 수 있는 존재라는 것을 깨닫습니다. 이 세상에서 가장 큰 부와 권력을 가진 자신도 언젠가는 죽을 수 있다는 사실을 인정할 수 없었던 그는 지구의 유일한 불사신인 우트나피슈팀Utnapishtim을 만나러 길을 떠납니다.

길가메시가 우트나피슈팀에게 불사신이 된 비결을 묻자 그는 오래전 성난 신들이 대홍수로 인간을 모두 없애려 할 때 방주에 인간과 동물을 싣고 살아남아 인류가 계속해서 생존할 수 있도록 한 덕분에 영원한 생명을 얻었다고 대답합니다. 자신도 불사신이 되고 싶다는 길가메시에게 우트나피슈팀은 영원히 살 수 있는 약을 하나 건넸습니다. 그런데 약을 받은 길가메시가 목욕재계 후 약을 먹기 위해 연못에서 목욕을 하는 사이 뱀이 약을 훔쳐갑니다. 길가메시는 한 번 더 약을 달라고 사정하지만 받아들여지지 않습니다. 불사의 꿈이 사라졌음을 인정한 그는 우트나피슈팀에게 어차피 죽는다면 남은 인생을 어떻게 살아야 하느냐고 물었습니다. 그러자 "집에 가서 친구들과 재미있는 일을 하고, 사랑하는 사람을 만나고, 맛있는 것을 많이 먹고, 술을 많이 마시면서 즐겁게 살아라"는 대답이 돌아왔습니다.

인간은 5천 년 전에도 '인생과 현실'에 대해 실문했고 지금 우리도 여전히 같은 질문을 던집니다. 하지만 우트나피슈팀이 말한 즐겁고 행복한 인생을 살아야 한다는 것보다 더 좋은 답을 줄 수 없습니다. 엘론 머스크의 시뮬레이션 가설 역시 같은 결론을 내릴 수밖에 없습니다.

지금 우리가 시뮬레이션 안에 살고 있다는 확률은 상당히 높습니다. 그럼 우리는 어떻게 살아야 할까요? 답은 매우 간단합니다. 시뮬레이션을 돌리다가 재밌는 일이 안 벌어지면 꺼버리면 됩니다. 배우는 게 없으면 꺼버립니다. 반복된 일이 벌어지면 꺼버립니다. 흥미롭지 않으면 꺼버립니다. 멋있지 않고 섹시하지 않으면 꺼버립니다. 이는 우리가 이미 컴퓨터 시뮬레이션 안에 살고 있다면 '우리는 그 누구보다 재미있고, 멋있고, 섹시하고, 흥미롭게 살아야 한다'라는 것입니다.

신기하게도 우리가 어떻게 살아야 하는가에 대한 고민에 대한 해답은 우리가 가지고 있는 가장 오래된 책인 길가메시의 교훈과 가장 최첨단의 교훈과 같습니다. 결국 우리는 흥미롭게 살아야 한다는 답을 얻었습니다. 흥미롭게 살지 않으면 우리의 시뮬레이션이 꺼질 수 있기 때문입니다.

우주가 끝없이 광활하다고 해도 그 우주의 비밀을 파헤치는 것은 나입니다. 세상이 나를 힘들게 할지라도 이 세상 역시 내 머릿속에서 만든 창조물입니다. 결국 이 세상에서 행복의 주체는 바로 나입니다. 이 세상의 리모컨을 잡고 있는 것도 나입니다. 내가 없으면 이 세상도 없습니다.

확률적으로 지금 우리가 살고 있는 세상이 시뮬레이션일 수도 있습니다. 하지만 이 세상을 느끼고, 기억하고, 사랑에 빠지고, 우울해하는 '나'라는 존재는 시뮬레이션 안에서도 존재합니다. 데카르트의 '나는 생각한다 고로 나는 존재한다'라는 증거는 '나는 시뮬레이션이다, 그렇지만 나는 존재한다'로 해석할 수 있습니다. 따라서 나 자신은 가장 막강한 우주의 중심입니다. 현실 속에서 자신감을 가지고 살아가기 바랍니다.

5

내가 바라보는 세상,
뇌가 바라보는 세상

| 김 대 수 |

뇌는 두 주먹을 합친 것보다 약간 크고 무게는 1.4kg 정도 됩니다.
뇌 안에는 몸이라는 하드웨어를 조정하는 소프트웨어가 있습니다.
뇌가 가진 소프트웨어는 어떤 역할을
할까요?

——불편한 이미지

사진 속의 여성을 보면 어딘지 모르
게 불편한 기분이 듭니다. 뇌의 작용
때문입니다. 4개의 눈과 두 개의 입을
그대로 받아들이지 않고 상식에 맞게
두 개의 눈과 하나의 입으로 보려고
하는 것입니다. 열심히 보다 보면 실제로 눈과 입이 정상으로 보이
기도 합니다. 이처럼 정보를 주관적으로 인식하는 것이 뇌 속에 있

는 소프트웨어입니다. 이렇게 작은 뇌가 어떻게 감정과 행동을 만들어내는지 이야기해 보겠습니다.

뇌의 존재 이유

과학자들은 뇌의 존재 의미를 규명하기 위해 생물체를 비교합니다. 우선 식물은 뇌가 없으며 오직 동물만이 뇌를 가지고 있습니다. 이는 뇌가 움직이는 동물의 특성과 연관 있다는 것을 의미합니다. 그런데 동물임에도 뇌나 신경이 없는 경우도 있습니다. 우리가 설거지를 할 때 사용하는 스펀지가 대표적 사례입니다. 흔히 수세미와 혼동해서 스펀지를 식물로 알고 있는 사람이 많습니다. 스펀지는 돌아다니지 않고 고착생활을 하기 때문에 식물처럼 보이지만 개별세포가 동물세포의 특성을 가지고 있습니다. 따라서 해면동물로 분류됩니다. 스펀지를 모델로 한 만화영화 〈스폰지밥〉에서 엉뚱한 행동을 일삼는 스펀지를 보면 뇌가 없다는 사실이 이해되기도 합니다.

오른쪽 사진은 멍게의 유생, 즉 새끼 때의 모습입니다. 머리 가운데에 진하게 보이는 것은 뇌입니다. 멍게는 어린 유생 시기에는 뇌를 가지고

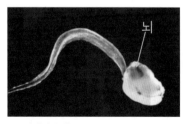

—멍게의 유생

헤엄쳐 다니면서 살기 좋은 장소를 찾습니다. 적당한 장소를 찾으면 그 자리에 붙어서 살기 시작하는데 이때부터 몸의 모양이 변화하는 변태 과정을 거칩니다. 성체 멍게가 되면 남은 인생을 고착생물로 살아갑니다. 살기 좋은 장소에 자리 잡은 뒤에는 뇌를 사용할 일이 없기 때문에 멍게의 몸은 뇌를 흡수해 버립니다. 따라서 우리가 먹는 멍게는 뇌가 없는 상태입니다. 스펀지와 멍게 이야기를 통해 뇌는 '행동'하기 위해 존재한다는 것을 알 수 있습니다.

그렇다면 사람의 뇌는 어떻게 우리의 행동을 조절할까요? 가령 목이 마른데 마침 눈앞에 물이 든 컵이 보입니다. 그런데 컵을 들어 올린 순간 안에 든 물이 매우 뜨겁다는 사실을 알게 됩니다. 이때 우리는 생각하지 않아도 척추반사로 인해 저절로 물컵을 손에서 놓아버립니다. 하지만 지금 들고 있는 뜨거운 컵이 집안에서 몇 대째 내려오는 가보라면 어떻게 될까요? 척추반사에 의하면 손에서 놓아 버려야 합니다. 하지만 이때 뇌가 척추에 명령을 내립니다. 손에 화상을 입더라도 떨어뜨리지 못하게 하는 것입니다. 이러한 의사결정은 우리의 뇌가 컵을 손에서 놓는 순간 소중한 집안의 가보가 사라진다는 것과 야단맞고 집안에서 쫓겨날 수도 있다는 사실을 알고 있기에 가능합니다.

뇌는 아는 대로 행동합니다. 안다는 것은 뇌 속의 소프트웨어인 셈입니다. 우리는 무엇인가 아는 것을 당연하게 생각하지만, 신경과학적으로 '안다는 것'이 우리 뇌에서 어떤 과정을 거쳐 가능한 일인

——동물 모양을 한 다양한 구름

지는 잘 모릅니다. 앞선 사례에서 뇌는 가보가 깨지는 것과 그에 따른 좋지 않은 결과들의 관계를 알고 우리의 행동을 조절했습니다. 혹시 어린 시절 하늘에 떠다니는 구름을 보고 동물을 연상해 본 경험이 있으신가요?

우리 속담 중 '낫 놓고 기역 자도 모른다'라는 말이 있습니다. 우리가 낫을 보고 기역 자를 떠올리거나 구름을 보고 비슷하게 생긴 동물을 떠올리는 것이 '안다'라는 행위를 설명해 줍니다. 그렇다면 뇌가 세상을 알아가는 과정을 알아보겠습니다.

뇌는 두개골에 갇혀 있어 세상을 직접 접할 수 없습니다. 눈, 코, 입, 귀, 피부 등 오감의 자극이 말단신경을 따라 뇌의 시상핵으로 정보를 보냅니다. 시상핵은 감각 신호를 받아들이는 톨게이트인 셈입니다. 시상핵의 신경은 정보를 뇌의 바깥 부분을 둘러싸고 있는 대뇌피질로 전달합니다. 여러 자극은 이때까지는 서로 섞이지 않고

──할머니

저마다 다른 대뇌피질로 전달됩니다. 그러나 우리는 뇌의 서로 다른 부위로 흩어진 정보를 합산해 하나의 대상으로 인식합니다.

위의 그림은 할머니를 표현한 것입니다. 그림 속 시각 자극만 해도 머리 색깔, 피부의 주름, 옷 색 등 다양합니다. 그런데 우리는 그림을 보는 순간 서로 다른 종류의 시각 자극을 따로따로 인식하지 않고 하나의 정보인 '할머니'로 인식합니다. 이것을 뇌의 '연합(binding) 기능'이라고 합니다. 시각 자극뿐 아니라 목소리, 냄새, 에피소드 등 대상에 관련된 모든 것이 뇌에서 서로 연결됩니다. 이러한 방식으로 하나의 지식이 만들어지고 저장됩니다.

DNA 연구로 노벨생리의학상을 받은 생물학자 프란시스 크릭

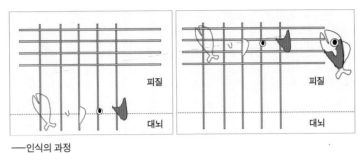

—인식의 과정

Francis Crick은 말년에 뇌에 관한 연구를 했습니다. 그는 우리가 사물을 인식하는 것은 시상핵과 대뇌피질이 상호작용하는 덕분이라고 추론했습니다. 그는 시상핵과 대뇌피질의 상호작용이 1초에 40번의 빈도로 이루어진다는 사실을 바탕으로 40분의 1초 안에 들어오는 정보를 연합해 하나의 대상으로 인식한다는 가설을 제시하기도 했습니다.

그는 실험을 통해 사람들에게 'ba ba'라는 소리를 들려주는 동시에 'ga ga'라고 발음하는 입모양을 보여주었습니다. 그러자 사람들은 'ba ba'도 'ga ga'도 아닌 다른 소리로 음성을 인식했습니다. 우리의 뇌가 시각정보와 소리정보를 받아들였지만 두 정보가 맞지 않자 억지로 연합을 했고, 사실과 다른 정보가 인식된 결과입니다. 이것을 맥거크 효과MCGurk effect라고 합니다. 이처럼 우리 뇌가 인식하는 정보는 주관적이므로 얼마든지 실제와 다를 수 있습니다.

러시아의 생리학자 파블로프Pavlov는 동물을 대상으로 한 '조건화 실험'을 통해 뇌가 정보를 연합할 수 있다는 것을 증명했습니다. 그는 개에게 먹이를 줄 때마다 종을 치는 실험을 반복했고, 이후 개는 종소리만 들어도 침을 흘리게 되었습니다. 개의 뇌가 소리와 연합된 음식 정보를 떠올렸기 때문입니다. 미국의 행동심리학자인 존 왓슨John Watson도 정보의 연합을 증명하기 위한 연구를 진행했습니다. 그는 당시 고아였던 생후 9개월도 되지 않은 어린 앨버트를 실험 대상으로 삼았습니다. 먼저 앨버트에게 흰쥐를 보여주었습니다. 그러자 아이는 좋아하며 쥐를 만지려 했습니다. 그 순간 뒤에서 큰 소리를 내서 깜짝 놀라는 상황을 만들었습니다. 이러한 실험을 반복하자 앨버트는 큰 소리가 나지 않았는데도 흰쥐를 보기만 해도 무서워했습니다. 흰쥐라는 정보와 무섭다는 감정이 연결된 것입니다. 또한 앨버트는 쥐뿐 아니라 털을 가진 다른 동물이나 흰색을 가진 대상을 두려워하게 되었습니다. 이 실험은 훗날 반인륜적이라

——어부와 교감하는 상어

며 큰 논란을 불러일으키기도 했습니다.

116쪽의 사진은 어부와 상어가 서로 반갑다고 인사를 하는 장면입니다. 사진 속 상어가 그물에 갇혀서 죽게 되었을 때 어부가 위험을 무릅쓰고 구해주었다고 합니다. 그 사실을 기억하는 상어는 어부와 배가 나타날 때마다 저렇게 반갑다고 인사를 합니다. 사실 상어의 뇌는 상당히 작습니다. 그런데도 자신이 구원받은 기억을 어부와 연합해 그의 배가 바다로 나올 때마다 반가움을 표시합니다. 뇌의 연합기능은 많은 동물에게서 관찰할 수 있습니다.

뇌는 기억의 패턴을 완성한다

신경심리학자 도널드 헵Donald Hebb은 신경세포의 연결로서 뇌의 연합현상을 설명하고자 했습니다. 우리가 무언가를 볼 때 많은 신경이 동시에 자극되어 신경 간의 연결이 강화되고, 그 결과로 나중에는 부분만 봐도 전체 대상을 인식할 수 있다는 것입니다. 이러한 뇌 기능을 '패턴 완성'이라고 합니다. 우리 뇌는 신경세포의 연결로서 특정한 패턴의 기억을 유지하고 있습니다. 나중에 조그마한 단서만 주어져도 그 단서와 연결된 나머지 정보를 떠올려 패턴을 완성합니다. 누구나 잘 아는 패턴 완성의 사례가 바로 '원숭이 엉덩이는 빨개, 빨가면 사과, 사과는 맛있어, 맛있으면 바나나…'로 이어지는 노래입니다. 이렇듯 뇌는 연결과 패턴 완성의 귀재라 할 수 있습니다.

——배우 잭 니콜슨

위 사진 속 인물은 같은 사람일까요, 다른 사람일까요? 우리는 당연히 두 사람 모두 배우 잭 니콜슨Jack Nicholson이라고 생각합니다. 하지만 시각자극으로 판단한다면 조커 분장을 한 왼쪽 사진과 평상시의 모습을 한 오른쪽 사진은 완전히 다릅니다. 인공지능이라면 많은 데이터를 학습하기 전까지는 두 사람이 동일인물이라는 것을 구별하지 못합니다. 그럼에도 우리는 조커를 보면서 잭 니콜슨이라는 사실을 떠올립니다. 아주 적은 정보만 가지고도 우리 뇌에서 잭 니콜슨이라는 패턴을 완성했기 때문입니다.

119쪽의 두 사진 모두 국보 제1호인 숭례문입니다. 그런데 화재 직후 무너진 모습과 보존되어 다시 형체가 완성된 모습은 시각 자극이 완전히 다릅니다. 그럼에도 우리는 두 사진 모두 숭례문이라고 인식합니다. 왜일까요? 화재로 전소한 사진 속에 숭례문의 흔적

어쩌다 어른

——국보 제1호 숭례문

이 남아 있기 때문입니다. 그 흔적을 통해 숭례문이라는 패턴을 완성했고 타버린 모습을 보고도 숭례문이라고 인식합니다. 이것이 바로 패턴 완성의 기본 원리입니다.

그럼 지금부터 우리의 뇌가 정상인지 확인할 수 있도록 간단한 패턴 완성 실험을 해보겠습니다. 'ㅁㄹ'로 만들 수 있는 단어는 무엇일까요? 머리, 마루, 미래, 미로…. 많은 단어가 떠오릅니다. 만일 이것이 영화 제목이라는 단서를 하나 더 준다면 〈명량〉이라는 영화를 떠올리실 겁니다. 이러한 연상작용은 뇌 속에서 '영화'와 '명량'이 연결되어 있기에 가능한 것입니다. 한 번 더 해볼까요? 'ㅌㄱㄱ ㅎ ㄴㄹㅁ'라는 단서를 들으면 어떤 영화가 떠오르시나요? 정답은 〈태극기 휘날리며〉입니다. 빠르게 대답할수록 패턴 완성이 빠른 사람입니다.

패턴 완성은 생태학적으로도 의미를 가집니다. 호랑나비는 나방과 달리 색이 화려해 포식자의 눈에 잘 띕니다. 하지만 호랑나비는 포식자인 새를 두려워하지 않습니다. 호랑나비의 비늘에 배탈을 유

——호랑나비를 먹고 구토하는 새

발하는 독소 성분이 있기 때문에 호랑나비를 잡아먹은 새는 곧장 토해냅니다. 이때 새의 뇌에는 호랑나비의 화려한 모습과 구토를 유발한 경험이 연결되어 호랑나비를 먹으면 위험하다는 패턴이 완성됩니다. 그리고 그 새는 다시는 호랑나비를 먹지 않습니다. 음식을 독성이나 변질 때문에 생기는 증상과 연관 지어 특정한 맛을 피하는 것을 '가르시아 효과'라고 합니다. 패턴 완성 덕분에 호랑나비는 눈에 잘 띄는 화려한 겉모습을 가졌음에도 자손을 번식할 수 있습니다.

　토론토 대학의 쉬나 조슬린Sheena Josselyn 박사는 최근 흥미로운 발견을 〈네이처〉지에 보고했습니다. 뇌가 한 번 기억에 사용한 신경을 중복해서 사용하기 때문에 서로 다른 정보가 연결되는 패턴 완성이 가능하다는 것입니다. 낫 놓고 기역 자를 떠올리는 것처럼 서로 다른 기억이 비슷한 신경세포들이 작용하여 서로 연결된다는 것입니다.

어쩌다 어른

뇌는 기억의 패턴을 분리한다

패턴은 완성시키는 것만큼 분리도 중요합니다. 비슷하다고 패턴 완성을 통해 모두 같은 대상으로 인식할 경우 잘못된 정보를 옳은 것으로 받아들일 수도 있기 때문입니다.

예를 들어 아래의 사진에는 푸들과 치킨의 이미지가 섞여 있습니

——푸들과 치킨

다. 얼핏 봤을 때는 비슷하게 생겨서 구분하기 힘듭니다. 그러나 자세히 살펴보면 푸들과 치킨을 구별해 낼 수 있습니다. 치킨을 보고 푸들을 떠올리는 것이 패턴 완성이라면, 푸들과 치킨을 구별해 내는 것은 패턴 분리라고 할 수 있습니다.

패턴 분리가 되지 않은 대표적인 영화가 〈번지점프를 하다〉입니다. 영화는 한 남성이 연인과 이별 후 그녀와 비슷한 습관을 가진 남자 제자에게 사랑을 느끼는 이야기입니다. 주인공은 과거 자신의 연인과 비슷한 특징이나 습관, 분위기를 가진 제자에게 끌리게 되고 연인이 환생한 것이라 믿습니다. 신경과학적 시각에서는 제자의 행동이 연인의 행동과 유사하기 때문에 연인의 모습을 투영한 것으로 볼 수 있습니다. 즉 연인과 같은 행동을 하는 사람을 연인이라고 여기는 패턴을 완성한 것입니다. 문제는 제자와 죽은 연인 사이에는 분명 다른 점도 존재하기 때문에 패턴을 분리했어야 했는데 실패한 것입니다. 두 사람은 끝내 함께 생을 마감합니다.

동물 사회에서도 패턴 분리가 되어야 하는데 패턴 완성의 행동이 그대로 이어져 실패하는 사례가 있습니다. 호주에 사는 색이 화려한 보석딱정벌레는 자신의 몸과 같은 오렌지색 물체를 보면 암컷으로 착각해서 교미를 시도합니다. 맥주병부터 표지판까지 오렌지색 자극만 봐도 암컷이라는 패턴 완성이 돼서 본능이 발동하는 것입니다. 암컷이 아닌 다른 물체라는 패턴 분리에 실패해 애꿎은 상대에게 의미 없는 애정행각을 벌입니다.

 이처럼 동물의 생존에서 패턴 완성과 분리는 매우 중요한 역할을 합니다. 문제는 이를 적절한 상황에 적용하지 못하면 부작용을 불러일으킨다는 것입니다. 패턴 완성을 통해 연결된 기억은 완전히 지우는 것이 불가능합니다. 가령 전쟁에 참여해 수많은 폭탄이 터지는 전장을 누비며 동료의 죽음을 목격했던 군인은 당시의 기억이 남아 있어 팝콘이 터지는 소리만 들어도 식탁 밑으로 숨는다고 합니다. 팝콘이 터지는 소리와 폭탄이 터지는 소리를 연결해 기억이 완성되어 두려움을 느끼기 때문입니다. 이럴 때는 이제 팝콘이 나에게 위험한 기억이 아니라는 새로운 패턴을 완성해 주어야 합니다.

 패턴 분리를 잘하는 사람은 우울증에 잘 걸리지 않는다는 가설이 있습니다. 우리에게 스트레스를 주는 것이 있다면 패턴 분리를 통해 저항성을 키울 수 있습니다. 나를 괴롭히는 직장 상사 때문에 회사에 가기 싫다면 우선 상사와 회사의 패턴을 분리해 회사 자체가 나를 괴롭히는 것은 아니라고 생각합니다. 그다음에는 상사 자체와 상사의 행동 패턴을 분리합니다. 즉 나에게 상처 주는 말을 하는 상사의 행동이 나쁜 것이지 그 사람이 나쁜 것이 아니라고 생각하는 것입니다. 그러면 적어도 회사에 출근하는 것, 그곳에서 일하는 것에 대한 저항성은 키울 수 있습니다. 이러한 저항성이 없다면 회사에 있는 모든 시간이 괴롭지만 패턴 분리를 통한 저항성으로 스트레스를 받는 시간을 줄일 수 있습니다.

2부

어른의 마음

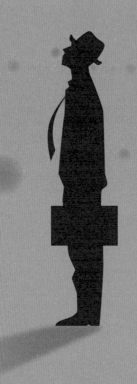

미래의 사랑은 어디로 갈까?

| 김 대 식 |

인류 문명과 역사와 예술에서 사랑을 빼면 남는 것이 별로 없습니다. 대체 사랑이 뭐길래 우리 인생에서 이렇게 큰 부분을 차지하는 것일까요? 과학적으로 보면 사랑은 매우 단순합니다. 남자와 여자, 두 생명체가 만나 짝짓기를 하는 것입니다. 쉽게 이야기하면 섹스를 하는 것이 과학적 사랑입니다. 그렇다면 왜 짝짓기를 해야 할까요? 단순히 즐거워서라는 것은 잘못된 해석입니다. 우리가 밥을 먹는 이유는 배가 고파서가 아니라, 몸에서 에너지가 필요하다는 배고픔이라는 신호를 보내기 때문입니다. 잠을 자는 것도 졸려서 자는 것이 아니고 몸에서 필요한 무언가를 보충하기 위해 졸린다는 신호를 보낸 결과입니다. 따라서 짝짓기가 즐거움을 준다는 것은 그러한 느낌을 주는 필수적인 다른 요소가 존재한다는 뜻입니다.

현세대 생명체는 유전자를 다음 세대로 전달하려는 본능이 있습니다. 그런데 자신의 유전자가 100% 다음 세대로 넘어갈 경우 그 과정에서 돌연변이가 발생할 확률이 상당히 높습니다. 인간의 유전자 구조는 상당히 약하기 때문에 우리가 인쇄물을 여러 번 복사하면 원본과 차이가 생기듯이 유전자도 변형이 일어납니다. 이를 막기 위해서는 완벽히 다른 두 가지 DNA가 만나서 반씩 나눠준 하나의 유전자를 만들면 돌연변이 확률이 낮은 건강한 유전자를 만들어낼 수 있습니다. 우리가 사랑하는 이유는 짝짓기를 통해 나의 유전자를 50%라도 전달할 방법을 찾기 위함입니다.

진화생물학자인 리처드 도킨스Richard Dawkins는 인간을 몸속 DNA를 다음 세대에 전달해 주는 도구에 불과하다고 말합니다. 즉 유전자는 후대에 전달되기 위해 인간의 행동과 마음을 조종하며 우리는 그에 따르는 종속 관계라는 것입니다. 결국 인간은 우리 몸 안에 있는 유전자의 최소 50%를 다음 세대에 물려주려는 강한 의지를 가지고 있습니다. 이러한 의지는 지금 이 순간에도 존재합니다.

사랑은 유전적 회계다

인간이 하는 사랑의 종류 중 가장 중요한 것은 부모와 자식 간의 사랑인 모성입니다. 그렇다면 모성애는 왜 중요하며 과학적으로 어떤 의미를 가질까요? 자녀에게 자신의 유전자가 50% 전달되었기

어쩌다 어른

때문에 모성애는 발동할 수밖에 없습니다. 우리는 태어나면서 친할머니, 친할아버지, 외할머니, 외할아버지까지 4명의 조부모를 갖게 됩니다. 이들 중 어린 시절 가장 많은 사랑을 주고 함께 시간을 보내며 잘 챙겨주는 사람은 누구였나요? 우리나라뿐 아니라 전 세계 공통적으로 외할머니와 많은 시간을 보내면서 사랑을 받았다고 대답합니다. 외할머니가 우리를 가장 사랑해 주는 이유는 무엇일까요?

이론적으로 엄마와 아빠는 본인의 유전자 50%를 자녀에게 물려주었습니다. 특히 아이가 엄마의 유전자를 50% 가졌을 확률은 100%입니다. 엄마가 직접 낳았기 때문입니다. 반면 아빠도 이론적으로는 유전자 50%를 물려주었지만 본인의 자식이 아닐 확률도 존재합니다. 즉 아이가 자신의 유전자를 가졌을 확률이 100% - α가 될 수밖에 없습니다. 그렇게 보면 외할머니의 상황이 가장 좋습니다. 자신의 유전자 50%를 물려받은 확률이 100%인 딸과 그 딸의 유전자를 50% 물려받은 확률이 100%인 딸의 자식이기 때문에 가장 많은 시간을 보내며 사랑을 주게 됩니다.

이번에는 사랑의 범위를 조금 더 넓게 잡아보겠습니다. 우리는 어른이 되면서 친구의 중요성을 더욱 크게 느낍니다. 우정도 사랑의 한 종류라고 할 때 사람에겐 왜 친구가 필요하며 적절한 친구의 숫자는 몇 명일까요?

영장류인 인간은 스스로 살아남을 수 없는 매우 나약한 존재입니다. 우리에겐 날개가 없고, 두꺼운 피부를 갖지 못했으며, 날카로운 발톱도 없습니다. 가진 것은 오직 맨몸뿐입니다. 따라서 사자나 호랑이 같은 동물을 만나면 꼼짝없이 잡아먹힙니다. 하지만 사자 한 마리와 수만 명의 인간이 싸우면 우리가 이길 수 있습니다. 그렇기 때문에 인간에겐 사회적 그룹을 형성하고 협업하는 것이 중요합니다.

옥스퍼드 대학의 로빈 던바Robin Dunbar 교수는 자신의 저서 《발칙한 진화론》에서 우리에게 얼마나 많은 친구가 필요한가에 관해 이야기합니다. 그는 영장류가 뇌의 크기에 따라 서로 다른 크기의 사회적 그룹을 형성하는 것에 주목했습니다. 관찰 결과 뇌의 크기가 작을수록 그룹의 크기도 작았으며, 뇌의 크기가 크면 그룹의 크기도 함께 커졌습니다. 던바 교수는 인간이 문명이라는 인조적 환경이 아닌 상황에서 생활한다고 했을 때 뇌의 크기에 맞는 사회적 그룹의 크기를 계산했고, 인간에겐 약 147명의 친구가 필요하다는 답이 나왔습니다.

우리가 사회적 그룹을 이루며 살 때 가장 중요한 것은 자신의 위치를 파악하는 것입니다. 모든 사회 시스템은 피라미드의 구조를 띠고 있으며 가장 위에 우두머리가 존재합니다. 내 위에 누군가가 있고 내 밑에도 누군가가 있습니다. 나보다 약한 존재에게 잘해주는 것은 시간 낭비이고 나보다 강한 존재에게 대들었다가는 화를 입을 수 있습니다. 그렇다면 자신의 위치를 찾는 방법은 무엇일까요?

이를 위해서는 자신이 속한 사회적 그룹 안에서의 회계 시스템이 필요합니다. 예를 들어 내가 상대에게 바나나를 3개 주었을 때 상대도 나에게 바나나를 3개 준다면 비슷한 관계라 할 수 있습니다. 하지만 상대가 나에게 바나나를 하나만 준다면 동등한 상대가 아닙니다. 이런 식으로 행동을 통해 관계를 계산해 인지적 회계 시스템을 가동해야 합니다. 여기서 한 가지 문제가 발생합니다. 상대에게 줄 수 있는 바나나가 무한정 있는 게 아니라는 사실입니다. 따라서 우리 영장류 사회에서는 인지적 회계를 할 수 있도록 쉽게 사용할 화폐가 필요합니다.

인간과 같은 영장류 중 하나인 원숭이 집단을 관찰하면 먹고 자는 것 외의 대부분의 시간을 서로의 이를 잡아주는 데 보냅니다. 그런데 확인해 보니 이를 잡는 데는 30분이면 충분하고 나머지 시간은 이를 잡는 척 행동만 할 뿐이었습니다. 이를 잡는 시늉을 하며 꼬집어주기만 해도 엔도르핀이 발생해 행복지수가 높아지기 때문입니다. 이 과정에서 원숭이들도 인지적 회계를 합니다. 내가 세 번 꼬집어줬을 때 상대도 세 번 꼬집어주면 친구로 여기고, 10번 꼬집어줬을 때 상대가 한 번만 꼬집어주면 우두머리라고 여기는 것입니다. 이들에게 꼬집는 행위는 인지적 회계를 위한 화폐인 셈입니다.

그렇다면 인간은 인지적 회계에 어떤 화폐를 사용할까요? 우리가 카페에 가면 여성들이 몇 시간이고 쉬지 않고 대화를 나누는 모습을 볼 수 있습니다. 한번은 그들의 동의를 받아 대화를 녹음했습니다. 그리고 대화 내용을 살펴보니 특별할 것 없는 일상적인 이야기를 주고받을 뿐이었습니다. 몇 시간이고 각자의 이야기를 주고받는다는 게 신기해 좀 더 자세하게 연구해 보니 숨겨진 화폐를 발견할 수 있었습니다. 바로 고개를 끄덕거리는 것이었습니다. 상대의 이야기를 들으며 고개를 끄덕이는 행동이 공감을 불러일으켰고 덕분에 대화가 유지되었습니다. 인간에게 소통은 정보 교환이 아닌 공감 교환이었던 것입니다. 그런데 이 공감 교환은 남자보다 여자가 훨씬 능숙합니다.

이러한 공감 교환은 온라인상에서도 이루어질 수 있습니다. 페이스북에서 친구들에게 '좋아요' 버튼을 눌러주는 행위에서 공감을 통한 인지적 회계가 이루어집니다. 만일 내가 10번의 '좋아요'를 눌렀는데 상대는 두 번만 '좋아요'를 눌러준다면 친구가 아니라 상대적으로 우위에 있는 관계라 할 수 있습니다.

이때 재미있는 것은 던바 교수가 말한 인간에게 필요한 147명의 친구에 관한 사실입니다. 그는 147명이라는 숫자는 인지적 회계를 주고받는 사람들 중 우리가 기억할 수 있는 관계의 크기라고 말합니다. 즉 우리 휴대폰에 친구들 전화번호가 1천 개 입력되어 있어도 그중에서 관계를 정확하게 기억할 수 있는 사람은 150명이 넘지 않는다는 것입니다. 던바 교수의 가설에 따르면 뇌가 크면 클수록 더 많은 관계를 기억할 수 있습니다.

인간이 생물학적, 과학적으로 관계를 맺을 수 있는 인원이 150 명이 되지 않는데 우리는 수백만, 수천만 명이 있는 도시에서 살아가고 있습니다. 또한 같은 나라 사람, 직장 동료, 동급생, SNS 친구 등과 관계를 유지합니다. 어떻게 이것이 가능할까요? 인간의 관계에 대한 궁금증은 우리 조상에게서 해답을 찾을 수 있습니다.

상상력으로 살아남은 인류

인간은 동물에 비해 육체적 능력이 떨어집니다. '능력 있는 사람'이라는 의미의 150만 년 전 인류 호모하빌리스의 두개골에는 표범의 이빨 자국이 남아 있습니다. 이는 인간이 동물의 먹잇감이었음을 보여주는 것입니다. 그런데 인간을 잡아먹던 무서운 맹수의 후손은 지금 철창 안 동물원에서 인간의 구경거리로 전락했습니다. 동물의 개체 수는 인구의 증가에 비례해 멸종했습니다. 즉 인구가 증가하면서 동물들 대부분을 멸종시킨 것입니다. 몇몇 동물들은 과거와 정반

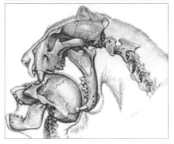

——호모하빌리스 두개골

133

대로 인간의 먹이가 되었습니다. 나약한 인간이 어떻게 이러한 일들을 해낸 것일까요?

교과서적인 대답은 인간의 뇌가 동물 중 가장 크기 때문이라는 것입니다. 인간의 뇌는 원숭이 유인원에서 호모사피엔스사피엔스까지 진화하면서 다른 동물들과는 비교할 수 없을 정도로 어마어마하게 커졌습니다. 뇌가 커지면서 지능이 생겨나고, 지능이 발달하면서 언어를 창조하고, 언어로 도구를 만들었습니다. 도구를 가지고 동물을 사냥하기 시작했습니다.

그런데 여기서 한 가지 궁금증이 생깁니다. 네안데르탈인의 존재입니다. 네안데르탈인은 인류보다 먼저 아프리카에서 탄생한 종으로 인류보다 훨씬 더 먼저 유럽과 아시아를 정복했습니다. 그들은 인류의 조상인 호모사피엔스보다 키는 조금 작지만 두껍고 강한 뼈를 가졌고 육체적으로 뛰어났습니다. 지금까지 우리는 육체적으로 강한 종족보다 뇌가 더 큰 종족이 더 잘 살아남는다는 사실을 이야기했습니다. 놀랍게도 네안데르탈인의 두개골은 호모사피엔스보다 더 컸습니다. 그럼에도 네안데르탈인은 호모사피엔스에게 멸종당했습니다.

네안데르탈인이 사라진 시기와 호모사피엔스가 아시아와 유럽에 도착한 시기에 상당한 연관성이 있다는 사실은 널리 알려졌습니다. 최근 연구 결과에 따르면 호모사피엔스가 살던 동굴에서 발견된 수많은 동물들의 뼈 중에는 네안데르탈인의 것도 있었습니다. 그 뼈를 살펴보니 자연 그대로의 것이 아니라 도구에 의해 절단한 가공된 상태임을 확인할 수 있었습니다. 즉 누군가가 요리한 흔적이 남아 있는 것입니다. 결론부터 말하자면 호모사피엔스가 네안데르탈인을 잡아먹은 것입니다. 그렇게 네안데르탈인은 멸종되었습니다.

더 건강한 육체와 큰 두개골로 지능도 높았던 네안데르탈인은 어째서 호모사피엔스의 먹잇감이 되었으며, 우리는 세상을 정복하게 된 것일까요? 호모사피엔스와 네안데르탈인의 가장 큰 차이점은 역시 뇌에 있었습니다. 구조적으로 봤을 때는 두 종족의 뇌는 큰 차이를 보이지 않았습니다. 다만 호모사피엔스의 뇌는 네안데르

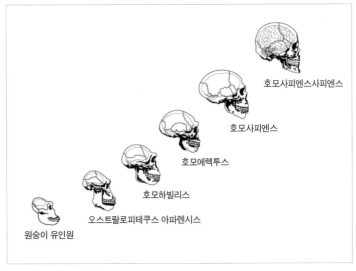

——유인원의 뇌 크기

탈인의 뇌가 하지 못했던 한 가지를 할 수 있었습니다. 그건 바로 보이지 않는 것을 믿을 수 있는 능력입니다. 즉 상상의 힘이 호모사피엔스를 살아남게 한 것입니다.

뇌를 연구할 때 가장 신기한 것 중의 하나는 뇌가 머릿속에 있다는 사실입니다. 뇌가 직접 세상을 바라보는 게 아니라 두개골이라는 어두컴컴한 감옥에 갇힌 채 눈, 코, 입, 귀, 피부 등 감각기관이 전달하는 정보를 받아서 그것을 해석합니다. 여기서 문제는 감각기관이 전달하는 정보가 완벽하지 않고 상당히 많은 문제를 가지고 있다는 것입니다.

아래의 사진은 우리 뇌가 바깥세상을 보고 해석해 받아들인 장면입니다. 하지만 실제 눈이 보는 장면은 왼쪽과 같이 망막 속 혈관의 그림자가 고스란히 찍혀 있습니다. 우리 뇌는 눈이 전해주는 수

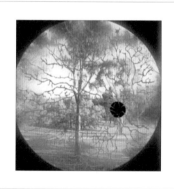

——뇌가 보는 세상, 눈이 보는 세상

언어

마음

많은 장면을 모두 처리하지 않고 똑같은 정보를 압축해 계속해서 들어오는 정보의 차이만 기억합니다. 결국 뇌가 가진 가장 중요한 방법 중 하나는 세상을 있는 그대로 보는 것이 아니라 항상 차이를 본다는 것입니다. 그 결과 오른쪽과 같은 이미지가 우리 머릿속에 기억됩니다.

우리가 살면서 매너리즘에 빠지는 것도 뇌의 이러한 기능 때문입니다. 어제와 다름없는 오늘, 오늘과 다름없는 내일을 반복하다 보면 인생에 변화가 없기 때문에 차이점을 인식하지 못한 뇌가 아무것도 받아들이지 않습니다. 변화 없는 인생은 뇌에서 사라지고, 결국 인생에서 아무것도 한 게 없다는 느낌을 받으면서 매너리즘에 빠집니다.

그런데 땅 위나 바위처럼 큰 변화가 없는 풍경을 우리 뇌는 기억할 수 있을까? 우리는 느끼지 못하지만 눈은 안구를 잡고 있는 힘줄 6개를 통해 조금씩 움직이고 있습니다. 그러면서 바깥의 사물이 움직이지 않아도 눈에는 흔들려서 변화 있는 정보로 인식합니다. 즉 본다는 것 자체가 정보를 해석하는 과정인 셈입니다. 그리고 우리는 세상을 있는 그대로 보는 것이 아니라 착각과 착시로 정보를 이해합니다.

상상의 힘은 사랑에도 상당히 많은 영향을 미칩니다. 뇌과학자들은 이성에게 사랑을 고백할 때는 롤러코스터를 탈 것을 추천합니다. 그 이유는 롤러코스터를 타면서 심장이 뛰는 등 다양한 신체

137

반응이 오는데 공포심에서 오는 신체 반응과 사랑할 때의 신체 반응이 유사하기 때문입니다. 앞서 말했다시피 뇌는 두개골 안에 갇혀 있기 때문에 자신에게 입력된 정보만 가지고 해석합니다. 따라서 갑자기 심장이 두근거리고 땀이 나는데, 주변에 이성이 있다면 어느 정도의 확률로 사랑을 느끼는 착시현상이 생깁니다. 이러한 과정을 지켜보면 우리의 뇌는 나의 몸 상태를 해석하는 기계가 아닐까 하는 생각을 해봅니다.

이처럼 호모사피엔스는 착시현상을 통해 네안데르탈인과의 경쟁에서 살아남았습니다. 그런데 당시 네안데르탈인만 멸종한 것이 아니라 거대한 동물들도 멸종하기 시작했습니다. 호모사피엔스의 동굴에서는 매머드의 뼈가 엄청나게 많이 발견되었습니다. 수백 명의 호모사피엔스는 큰 구덩이를 판 뒤 그곳으로 매머드를 유인해 빠뜨리는 방법으로 사냥을 했습니다. 엄청난 협업으로 매머드를 잡은 것입니다. 여기에도 착시현상이 존재합니다. 구덩이에 빠진 매머드에게 가장 먼저 달려가 창을 꽂는다는 것은 정말 위험한 행동입니다. 이때 나와 함께 매머드를 잡는 수백 명의 사람들이 모두 같은 편이라는 착시현상이 생기고 이를 통해 협업이 가능해집니다.

협업을 통해 커다란 동물을 잡아 식량을 비축할 수 있게 된 인간은 남는 시간에 그림을 그리기 시작했습니다. 그리고 그림을 통해 또 하나의 상상력을 자극했습니다. 내가 원하는 것을 그리면 그것이 이루어질 수 있다고 생각한 것입니다. 협업, 꿈, 가능성 등 보

어쩌다 어른

이지 않는 것을 믿기 시작했습니다. 그 상상의 결과는 엄청났습니다. 인간은 협업을 통해 농업으로 식량을 생산하고, 피라미드를 건설하고, 고층 건물을 건축했습니다. 급기야는 달 착륙에도 성공했습니다. 20만 년 동안 인류의 협업을 통해 닐 암스트롱Neil Armstrong이라는 한 사람을 달에 보낸 것입니다. 우리가 닐 암스트롱을 응원하고 그를 위해 세금을 낸 것은 같은 인류라는 큰 틀 안에서 협업을 이끌어낸 것이라 할 수 있습니다.

우리 인류가 지금까지 살아남은 것은 상상력이라는 존재하지 않는 것을 믿기 시작하고 우리의 친구 또는 사랑이라고 부를 수 있는 범위를 넓혀나간 덕분인 것입니다.

사랑은 어떻게 변화할까?

그렇다면 상상력을 이용하는 인류의 미래는 어떻게 변화할까요?

기술의 발전으로 우리는 이미 인간의 미래를 직접 디자인할 수도 있다는 생각을 하게 되었습니다. 즉 우리가 변화할 모습을 직접 선택할 수 있다는 것입니다. 2014년에 개봉한 영화 〈로보캅〉에는 사고로 치명상을 입은 경찰이 최첨단 기술을 통해 기계 인간으로 재탄생하는 내용입니다. 물론 현재는 존재하지 않는 사이언스 픽션입니다. 하지만 뇌의 명령으로 기계 손이 인체와 하나가 되는 일이 영원히 불가능한 일은 아닙니다.

2012년 미국 브라운 대학의 연구팀은 뇌졸중으로 사지가 마비된 여성의 뇌에 작은 센서를 심어 그녀의 상상으로 로봇 팔을 움직이게 하는 데 성공했습니다. 이처럼 뇌의 각 부분의 역할을 파악하고 읽는 기술을 브레인 리딩brain reading이라고 합니다. 그렇다면 신체뿐 아니라 기억과 생각을 가진 우리 인간의 생각도 바꿀 수 있지 않을까요? 1990년 개봉한 영화 〈토탈 리콜〉은 누군가에 의해 조작된 기억을 가진 비밀요원의 이야기입니다. 이러한 기억 주입은 현재 가능할 것으로 보입니다. 빛으로 신경세포를 자극하거나 억제시켜 정신적, 육체적 이상 현상을 치료하는 목적으로 사용할 수 있는 광유전학 기술을 사용해 기억을 주입하는 것입니다.

이러한 방식이 계속해서 발달해 보편화된다면 우리는 사랑이라는 개념을 다르게 생각해야 할지도 모릅니다. 내가 누군가를 사랑한다는 느낌 자체를 집어넣을 수 있게 되기 때문입니다. 여기서 더 나아가 미래학자 레이 커즈와일Ray Kurzweil이 말하는 특이점, 즉 IT 기술이 발전을 거듭하면서 어느 순간 인간이 초인이 되는 순간이 오면 인간은 영원한 삶을 영위할 수도 있습니다. 인공지능 로봇에게 내 기억을 집어넣으면 비록 기억의 방식일지라도 복사만 거듭하면 영원히 존재할 수 있다는 상상이 가능해집니다.

우리 인류가 역사에서 사랑을 중요하게 여긴 이유는 인간은 언젠가 죽어야 한다는 사실로부터 위안받기 위한 것이었습니다. 그런데 인간이 영원히 살 수 있게 된다면 사랑이라는 것은 사라질지도 모릅니다. 서로가 서로에게 위로를 줄 수 있는 사랑이 사라질 수도 있는 것입니다. 그런 미래를 맞이할지도 모르는 우리는 어떻게 사랑해야 할까요?

장 폴 사르트르Jean Paul Sartre가 쓴 희곡 〈출구 없는 방〉은 주인공의 죽음으로 시작됩니다. 자신이 지옥에 떨어질 것이라 생각한 주인공은 꽤 괜찮은 호텔 방에서 눈을 뜹니다. 혹시 자신이 천국에 온 것이냐고 묻는 주인공에게 안내인은 지옥이 맞다고 합니다. 단 그곳에는 조건이 있습니다. 첫 번째는 창문도 없는 그 방에서 평생 나갈 수 없습니다. 두 번째는 두 명의 여성과 영원히 함께 지내야 합니다. 이 작품은 인간에게 가장 큰 지옥은 다른 사람과의 관계라는 것을 보여줍니다. 우리가 원하는 대로만 되지 않고 상대에게 맞춰줘야 하고 피할 수 없는 인간관계는 지옥과 같다는 것입니다.

독일의 철학자 쇼펜하우어는 "산책은 혼자서 가는 게 편하다. 그러나 혼자 산책하면 외롭다"고 말했습니다. 혼자 산책을 하면 느긋하게 자연도 구경하고 스스로의 시간을 가질 수 있지만 외롭고, 친구나 사랑하는 사람과 함께 산책을 하면 외롭지는 않지만 귀찮습니다. 산책할 시간을 맞춰야 하고 상대의 취향도 존중해 줘야 하는데 그러면서 자신의 의견을 주장할 수 없게 됩니다.

결국 인간은 혼자일 때 가장 행복하지만 어쩔 수 없이 혼자일 때 불행하고 외로운 존재입니다. 사랑하는 누군가가 필요한 존재이지만 사랑을 하는 순간 상대에게 맞춰서 관계를 가져야 합니다. 쇼펜

하우어는 이러한 인간의 특성에 따라 "혼자 함께 가라"고 말했습니다. 같이 가고, 각자 즐기되, 외로울 때는 함께하라는 것입니다. 인생도, 사랑도 결국은 혼자이면서 함께 살아갈 때 외롭지 않습니다. 그것이 미래를 살아갈 우리에게 필요한 사랑의 방식입니다.

2

나 데리고 사는 법

| 김 미 경 |

혹시 '나는 누구인가'라는 여섯 글자의 제목으로 된 책이 우리나라에 몇 권이나 되는지 알고 계신가요? 인터넷 교보문고에서 검색해 보면 무려 160권이 넘습니다. 미국 아마존에서 'WHO AM I'라는 여섯 글자를 검색해 봐도 마찬가지입니다. 수백 권이 넘는 책들이 존재합니다. 이 단순한 질문이 중요한 이유는 아마도 모든 것이 나로부터 시작해 나로부터 끝나기 때문이 아닐까요? 그렇다면 과연 나답다는 것은 무엇일까요?

나는 세상에서 제일 데리고 살기 어려운 존재입니다. 내 말을 제일 안 듣고, 사고도 많이 치고, 내가 결심한 대로 절대 움직이지 않으니까요. '영어 공부해야지' 하면서 새벽 6시에 학원에 가려고 자명종을 맞춰놓고 울리면 꺼버린 경험 한 번쯤 있으시죠? 결국 나를 망치는 것도, 나를 제대로 데리고 살지 못하게 하는 이도 바로 '나'입니다. 이처럼 나에게 가장 많은 고민과 힘듦을 안겨주는 나를 어떻게 데리고 살아야 할까요.

살면서 힘들지 않고 고생스럽지 않은 사람은 없습니다. 살다 보면 누구나 안 풀릴 때가 있습니다. 사랑이 이루어지지 않기도 하고, 공무원 시험에서 떨어지기도 하고, 친한 사람에게 뒤통수를 맞기도 하고, 사업이 실패하기도 하고, 아무리 노력해도 취업이 되지 않기도 하고, 갑자기 몸이 아프기도 합니다. 이렇게 뭐든지 다 안 되는 시기가 누구에게나 있습니다. 이렇게 안 풀리는 나를 데리고 사는 것처럼 위대한 일은 없습니다.

우리가 계획한 일이 10가지라면 6가지 정도 성공했을 때 다 잘될 거라는 기대를 합니다. 8가지 정도 해냈을 때는 다 됐다고 안심을 하죠. 그런데 꼭 그 순간 실패가 찾아옵니다. 두 가지만 더 하면 성공인데 말이죠. 이때 끝내 해내지 못한 두 가지를 절대 실패라 불러서는 안 됩니다. 두 가지는 실패가 아닌 오차라고 생각해 보세요. 그 순간 실패는 '두 가지 모자란 성공'이 됩니다.

저는 지금껏 매년 한 차례씩 해오던 공연을 일본에서도 해보고 싶어 그곳에 직원을 보내고 계획을 세웠습니다. 현지 상황에 맞춰 마케팅과 홍보도 열심히 했지만 여러 사정으로 결국 공연을 하지 못했습니다. 그 실패를 겪으며, 생각지도 못한 오차를 받아들이면서 처음부터 무리하게 공연을 진행했다는 사실을 깨달았습니다.

시간이 날 때마다 일본을 찾아 열 명이든 스무 명이든 사람들을 모아놓고 무료로 해주고 싶은 이야기를 나누면서 친근하게 접근했다면, 그 시간이 쌓였을 때 본격적으로 일본 공연을 진행했다면 얼마나 잘됐을까 하는 생각이 들었습니다. 결코 반갑지만은 않은 오차였지만 이 위대한 스승은 저를 진하게 가르쳐주었습니다. 그래서 저는 오차를 다른 것을 해보라는 '가이드 메시지'라고 부릅니다.

혹시 사랑하는 사람과 헤어졌다면 이를 다른 사람을 만나보라는 가이드 메시지라고 생각해 보세요. 공무원 시험에서 떨어졌다면 다른 일을 해보라는 가이드 메시지를 받은 것일지도 모릅니다. 봐두었던 집을 계약하지 못했다면 그 집에 살면 안 된다는 가이드 메시지가 도착한 것입니다. 중요한 것은 사건 그 자체가 아니라 해석입니다. 그 해석은 내가 하는 것입니다. 내가 지혜로울수록 행복하게 살 수 있습니다. 그러니 앞으로는 실패했다는 말 대신 오차가 찾아왔다고 생각하세요. 우리에게 실패란 없습니다. 실패란 단지 오차 범위만큼 모자란 성공입니다. 그렇기 때문에 실패 안에는 에너지가 존재합니다.

우리가 실패해야 하는 이유

저는 마흔이 넘어 뒤늦게 스키를 배웠습니다. 잘 타고 싶어서 강사에게 기초부터 제대로 강습을 받았더니 한 번도 넘어지지 않고 내려오는 수준이 됐습니다. 이듬해 또 스키를 타러 가서는 실력을 한 단계 업그레이드하고 싶어서 국가대표 선수 출신 코치에게 강습을 받았습니다. 한 번도 넘어지지 않고 예쁘게 A자로 내려오는 제 모습을 본 코치는 대뜸 물었죠.

"근데 이렇게 타는 게 좋으세요?"

스키도 스피드 운동인데 한 번도 안 넘어지고 타는 게 자랑이냐는 것입니다. 결국 그 코치에게 중급 스키를 배웠는데 얼마나 자주 넘어졌는지 스키를 그만두려고까지 했습니다. 쉬지 않고 넘어지면서 운동에 소질이 없다는 생각마저 들었죠.

이처럼 실패 에너지가 극에 달하는 지점을 슬럼프라고 합니다. 자신의 실패를 보는 것이 너무 힘들어서 마음이 괴로운 지점을 뜻합니다. 이때 대부분의 사람들이 좌절 내지는 포기를 합니다. 그래서 저도 코치를 찾아가 오늘 레슨까지만 받고 그만두겠다고 말했습니다. 코치는 알겠다며 마지막으로 한 번만 타고 내려가 보라고만 했습니다. 그런데 세상에나, 놀랍게도 제가 스키를 너무 잘 타는 겁니다. 균형도 잘 잡고 리듬을 타면서 어찌나 재미있게 내려가던지. 지난주만 해도 절반은 넘어지고 구르면서 타고 내려왔는데 그날은 달랐습니다. 내가 왜 이렇게 잘 타는 거냐고 묻자 코치는 심플하게 답했죠.

"그렇게 넘어졌으니 오늘은 잘 타는 게 당연하죠"

실패는 오차 범위만큼 모자란 성공이고 그 오차 때문에 저는 자꾸만 넘어졌습니다. 하지만 그 과정에서 실패 에너지를 차곡차곡 쌓았고 결국엔 그 에너지를 이용해 성공을 이뤄냈습니다. 그러니까 실패, 즉 오차의 순간이 찾아왔을 때 거기서 멈추면 실패 에너지를 써보지도 못하고 허무하게 끝나고 맙니다. 우리는 모두 실패 창고를 가지고 있으며 여기에는 성공보다 더 많은 에너지가 있습니다. 그것을 사용할 기회를 놓쳐서는 안 됩니다.

저는 기업에서 강연을 하면서 수억 원의 연봉을 받는 세일즈맨을 많이 보았습니다. 그들의 공통점은 그 분야에서 최소 15년 이상의 경력을 가졌다는 것인데, 인터뷰를 해보면 외향적인 성격을 가진 사람이 거의 없습니다. 오히려 조용하고, 부드럽고, 우유부단한 사람들이 대부분입니다. 그러다 보니 일을 그만둘 시기를 놓쳤고 20년 가까이 그 일을 해온 것입니다. 그사이 실패 창고에 매일 같이 노력했음에도 잘 되지 않던 것들이 '성공 직전 변화에너지'로 쌓였습니다. 그 실패 에너지를 가져다 쓰면서 어느 순간 그 일에 숙달되었고 손꼽히는 전문가가 되었습니다. 우리가 실패를 많이 해야 하는 이유가 여기에 있습니다.

실패를 많이 하려면 절대 해서는 안 되는 게 있습니다. 바로 벤치마킹입니다. 벤치마킹은 잘된 사람들의 성공 포인트만 가져다 쓰는 것입니다. 그 핵심을 따라 한다고 내 것이 되지는 않습니다. 저는 24년간 강의를 해오면서 강의에 관해서는 누구보다 실패를 많이 한 사람입니다. 초창기에는 8시간이 넘도록 강의를 하면서 이번 강의는 망했다고 생각한 적이 한두 번이 아니었습니다. 그럴 때 저는 쉬는 시간에 화장실도 가지 않고 강의를 듣는 사람들에게 다가가 그들의 고민을 들어주거나 말벗이 되어주었습니다. 비록 강의 내용은 스스로 만족하지 못했지만 1분 1초를 아껴서 인간관계를 맺었습니다. 그렇게 실패가 계속 쌓여가면서 지금까지 왔습니다. 저의 진짜 힘은 실패에서 나온 셈이죠.

제가 지금까지도 활발히 강연할 수 있는 성공 포인트는 단숨에 만들어진 것이 아닙니다. 하나의 성공 포인트를 만들기 위해 수많은 실패를 거치면서 0.00001의 포인트를 쌓았고, 또다시 실패를 반복해 0.001의 포인트가 쌓였고, 그다음에 다시 0.1의 포인트가 쌓여 결국엔 하나(1)의 성공 포인트가 만들어졌습니다. 1이라는 숫자가 되기까지 모두 제가 직접 체험하고 겪은 것입니다. 여기에는 저의 모든 실패 에너지가 들어 있으며 유일한 목격자는 저입니다. 그러니 다른 누군가가 그 성공 포인트를 벤치마킹한다 해도 소용없는 일이죠. 중요한 것은 다른 사람들의 성공 포인트 1, 2, 3이 아니라 내가 경험한 실패로부터 직접 만든 포인트입니다. 내 0.001, 0.1을 믿어야 합니다. 이 포인트를 만드는 동안에는 이 세상에서 나만 느려터진 것 같고, 나만 잘되는 게 없는 것 같습니다. 하지만 성공한 사람들을 살펴보면 그들이 매일매일 실패를 경험하면서 얼마나 많은 소수점을 지나왔는가를 알 수 있습니다.

0.01이었던 어제의 내가 오늘 0.02가 된 느려터진 나를 사랑하고

기다리는 일은 세상에서 가장 어려운 일입니다. 그 과정에서 좌절과 포기는 빈번히 일어납니다. 나뿐 아니라 목표를 이룬 사람들도 무수히 좌절하고 포기했으며 그 과정을 거쳐 정상에 올랐습니다. 넘어진 만큼 목표에 가까이 간 것이고, 한계에 부딪힌 만큼 굳은살이 생겼고, 화가 난 만큼 인내심이 생겼습니다. 결국 실패는 내가 해냈다는 증거입니다.

지금 일어서서 제자리걸음을 걸어보세요. 앞으로 나아가진 않지만 제자리걸음 중에도 근육은 움직이고 단단해지고 있습니다. 다른 사람들은 다 앞서 나가는데 나만 일이 안 풀리고 제자리에 있는 것 같다면 지금 튼튼한 근육을 만드는 중입니다. 우리가 헬스클럽에 가서 아령 같은 무거운 것을 들고 운동을 하는 이유는 힘을 기르기 위함입니다. 그러니까 우리가 살면서 힘이 든다는 것은 힘이 생기고 있다는 뜻입니다. 인간관계 때문에 힘들고 직장 상사 때문에 힘들다면 그것에 대해 힘이 생기고 있는 것입니다. 나를 데리고 살면서 내가 저지르는 실패 때문에 힘들면 그 실패를 해석할 수 있는 힘을 길러야 합니다. 좌절하고 그냥 멈추면 다음으로 넘어갈 수 없습니다. 내가 좋아하는 일, 하고 싶은 일이 있다면 실패 학교에 들어가기 바랍니다. 그곳에서 실패를 좌절이 아닌 오차로 해석할 수 있다면 한 번 실패할 때마다 내 안에는 위대한 스승 하나가 자라날 것입니다.

먼저 나를 먹여 살리기

실패한 나를 다독거렸다면 이제는 내 꿈을 위해 뛸 차례입니다. 오차의 법칙에 이은 나를 데리고 사는 두 번째 법칙은 '생성의 법칙'입니다. 지금 가장 하고 싶은 일은 무엇입니까? 살아 있는 모든 생명체는 꿈을 꾸고 자기 자신을 사랑합니다. 이는 건강하다는 뜻이며 하고 싶은 일이 있다는 것이기도 합니다. 하고 싶은 일이 없으면 우울증이 찾아옵니다. 우울증은 머리보다 몸이 먼저 슬퍼하는 것으로 우리 몸이 방향을 잃은 것이라 할 수 있습니다. 꿈을 이룬다는 것은 내 몸이 알아서 먼저 방향을 찾아가는 것이며 완벽한 육체노동입니다. 따라서 나를 데리고 산다는 것은 내 몸을 어떻게 움직이면서 쓸 것인지를 알아가는 과정이기도 합니다.

우울증이란 해내고 싶었던 나와 해내지 못한 나와의 싸움입니다. 내가 다른 사람에게 화내는 것은 분노이지만 나에게 화를 내는 것은 우울입니다. 나에게 실망하는 좌절 역시 우울함의 일종입니다. 이때 가장 좋은 방법은 움직이는 것입니다. 여행을 가려면 시간을 만들어야 하고 돈을 모아야 합니다. 시험에 합격하려면 부지런히 공부해야 합니다. 이 세상에 갑자기 벌어지는 일은 불행밖에 없습니다. 운도 하나의 에너지라서 내가 움직여야 나와 만날 수 있습니다. 또한 열심히 움직이면 웬만한 불행을 쳐낼 수도 있습니다. 움직이지 않으면 실패 창고조차 텅텅 비고 여기에 무엇을 채워야 할지 몰라 텅 빈 나 자신을 데리고 사는 것이 힘들어집니다.

스스로를 지독히 사랑하면서 꿈을 이루어주는 힘은 맹목성에서 나옵니다. 꿈을 이룬 사람들의 공통점인 맹목성은 망설이거나 주저하지 않고 지르고 보는 것입니다. 대부분의 꿈은 5% 미만의 작은 에너지에 불과합니다. 따라서 맹목적이어야만 이룰 수 있습니다. 맹목성의 기본은 절대로 남에게 묻지 않는 것입니다. 영어를 잘하고 싶고, 여행을 가고 싶고, 살을 빼고 싶다면 자기 자신에게만 물어보세요. 남들은 내 꿈과 작은 후회와 슬픔에 관해 아무 관심도 없습니다. 어떠한 사실을 아는 '공유'는 가능하지만 같은 감정으로 똑같이 아파하고 꿈꾸고 원하는 '공명'은 불가능하기 때문입니다. 다른 육체 안에서 벌어지고 있는 사건에 대해 공명할 수 있는 사람은 없습니다. 그러니 내 안에서 일어나는 모든 일, 꿈과 슬픔에 관해 가장 잘 아는 나에게 묻고 최선의 결론을 내리기 바랍니다.

저는 20년이 넘도록 강연을 하면서 살아왔지만 그 전에는 대학에서 음악을 전공한 경험을 살려 음악을 가르쳤습니다. 죽기 살기로 열심히 해서 학원을 차린 지 1년 반 만에 수강생이 200명까지 늘어났습니다. 하지만 제가 제일 싫어하는 일은 피아노 레슨입니다. 두 번째로 싫어하는 것이 아이들입니다. 저녁만 되면 녹초가 될 정도로 힘들고 하기 싫은 일이었지만 저는 누구보다 열심히 했습니다. 당시 27세였던 저에게는 딸이 하나 있었는데 성인이 된 내 생명을 먹여 살리는 일, 결혼해서 낳은 내 아이를 먹여 살리는 일, 조금이라도 더 행복하게 살기 위해 애쓰는 일보다 더 위대한 꿈은 없었기 때문입니다. 우리는 그 꿈을 생계라고 부릅니다.

지금 많은 사람들 앞에서 강의를 하고 종종 TV에도 나와 강연을 하는 제 모습을 보고 사람들은 꿈을 이뤘다고 말합니다. 하지만 저는 꿈이 아닌 생계를 위해 강의를 시작했습니다. 피아노 학원 성공사례를 발표하는 것으로 시작된 저의 강의는 25년간 이어졌고 수많은 실패와 시행착오를 거치면서도 한 번도 그만두지 않았습니다. 25년 동안 하나의 직업을 가지고 살면서 깨달은 사실 중 하나는 그 직업이 나를 굶기는 때가 초기, 중기, 말기에 한 번씩은 온다는 것입니다. 초기에는 무명이라, 중기에는 슬럼프에 빠져서, 말기에는 인기가 떨어져서. 그래도 그 직업 안에 계속 있다는 것, 그러면서 직업과 친구가 된다는 것은 위대한 일입니다.

제가 강사라는 직업과 평생 친구가 되는 데는 최소 5년이라는 시간이 걸렸습니다. 직업이 나에게 돈도 벌어다 주고 먹여 살릴 수 있게 하기 위해서는 내가 먼저 직업에 투자해야 합니다. 직업이 5년간 나에게 아무것도 주지 않고 힘들게 해도 꾸준히 투자하면 6년쯤 됐을 때 나에게 서서히 돈을 주기 시작합니다. 그러면 이 직업을 평생 데리고 살아도 되겠다는 확신이 생깁니다. 그때 직업에게 너와 평생 함께해도 굶지 않겠다는 소망을 주는 것입니다. 직업이 나에게 주는 것이 아닙니다. 그래서 똑같은 직업을 가지고도 먹고 사는 사람이 있고, 못 견디고 그만두는 사람이 있습니다. 저는 25년간 제 생계를 위해 죽을 만큼 열심히 했고 결국엔 꿈을 이뤘습니다.

제가 생계를 위해 시작한 일을 가지고 당당하게 꿈을 이뤘다고 말할 수 있는 것은 '생계 3단계'를 모두 거쳤기 때문입니다. 생계 1단계는 안 죽을 만큼만 하는 것입니다. 2단계는 실력을 발휘하고 인정받기 위해 죽기 살기로 노력하는 과정입니다. 마지막 3단계는 나를 확 끌어올리는 것인데, 생계 3단계가 바로 꿈과 같은 동네에 있습니다. 그래서 어느새 생계가 곧 꿈이 되었습니다. 저도 원래 꿈이 있었습니다. 하지만 당장의 꿈을 이루지 못한다고 울기보다는 나를 먹여 살리는 일에 집중했습니다. 그러다 보면 내 꿈도 먹여 살릴 수 있기 때문입니다. 날 먹여 살리지 못하면 내 꿈도 절대 먹여 살릴 수 없습니다.

우리는 꿈을 이루는 지점에 관해서는 많이 이야기하면서도 꿈이 생성되는 순간에 관해서는 대체로 무심합니다. 하지만 꿈의 현장은 미래가 아닌 오늘입니다. 제 꿈은 성공적인 강연으로 돈을 벌기 시작했을 때가 아니라 200명의 수강생을 만들고 유지하기 위해 고생했던 찌질한 그날 탄생했습니다. 꿈은 연관 없는 모든 것에서 연기적으로 탄생합니다. 구질구질해 보이고 아무것도 아닌 것 같고 허접한 오늘이 바로 꿈의 현장입니다. 그리고 오늘의 실력이 바로 꿈의 실력입니다. 꿈을 이룬 사람들의 이야기를 들어보면 그저 하루하루 열심히 살았다고 말합니다. 그게 정답입니다. 그들의 이야기가 바로 '연기적 탄생'입니다. 오늘은 오늘 하루만 사는 게 아니라

3년 후 그날까지 이틀을 사는 것입니다. 오늘 하루와 미래의 그날이 연기적으로 '동시 탄생'하는 것이지요.

어느 날 저는 어떤 여자가 판초를 입고 지나가는 걸 보고 동대문 시장에 가서 원단을 샀습니다. 그리고 재봉틀까지 사서 판초를 만들었습니다. 정석대로 만들지도 않았는데 입고 보니 마음에 들었고 순간 머릿속에 하나의 생각이 스쳐 갔습니다. '아, 모든 직선은 몸에 닿는 순간 알아서 곡선이 되는구나.' 그때부터 굳이 곡선을 만들 필요가 없다는 게 저의 디자인 철학이 됐습니다. 그날 이후 책을 읽지 않을 때는 옷을 만들며 시간을 보냈고, 어느새 주변 사람들에게 코트를 만들어 선물할 정도가 되었습니다. 그러던 중 우연한 기회에 제가 만드는 옷과 미혼모를 도와주는 일이 만나면서 브랜드가 탄생했습니다. 비영리 패션 브랜드 '리리킴'을 론칭하면서 명함에 '수석 디자이너 김미경'이라고 적어 넣었습니다. 그 문구를 보면서 속으로 '10년 후에 될 거니까'라고 조용히 되뇌었습니다.

25년 전에도 저는 우연한 기회에 기업에 강의를 나가면서 피아노 학원 원장 명함 대신 '기업 강사 김미경'이라는 명함을 만들었습니다. 그 명함을 25년간 들고 다니면서 열심히 뛰었습니다. 그리고 몇 개월 전 '수석 디자이너'라는 새로운 명함을 만났습니다. 저는 이 명함을 동시 탄생, 연기적 탄생이라고 해석합니다. 이탈리아 패션 스쿨로 유학을 갈 계획이고 그곳에서 열심히 공부하고 패션쇼도 다니고 그림도 그릴 생각입니다. 그 하루하루가 가만히 있을 리 없습

어쩌다 어른

니다. 그렇게 5년, 10년씩 쌓인 시간의 뒤에는 동시 탄생이 기다리고 있습니다. 제가 지금과 같은 강사가 되려고 25년 전에 화장실도 가지 않고 강연을 하고, 새벽부터 일어나 강의 내용을 정리한 것처럼 지금 먼저 행동하면 수석 디자이너라는 이름은 미래에 저절로 붙을 것입니다. 오늘 하는 선행先行과 미래의 후명後名이 동시에 탄생한다는 것을 누구보다 잘 알고 있기 때문입니다. 꿈의 현장은 오늘의 선행입니다. 그러니 오늘을 부재중으로 만들어서는 안 됩니다. 꿈을 이루는 해답은 오늘을 채우는 것입니다.

꿈보다 중요한 탄생

오늘을 채운다는 것은 매일 같이 도전하는 삶을 사는 것입니다. 이는 매일 같이 나의 성공과 실패라는 양면을 본다는 것이기도 합니다. 솔직히 말하자면 실패를 볼 가능성이 훨씬 더 높습니다. 아무리 열심히 살자고 해도 마음먹은 대로 되지 않을 때가 있고 완전히 주저앉을 수밖에 없는 운명적 사건이 터지기도 합니다. 이때 주의해야 할 것은 매일 도전하면서 자주 상처받다 보면 내가 나를 어떻게 사랑해야 하는지, 내가 얼마나 소중한 사람인지를 잊어버릴 수도 있다는 사실입니다.

중3, 고3 아이들이 그러합니다. 매일 학교에서 공부의 도구가 되고 평가의 도구가 된 자신을 보면서 스스로를 사랑하는 방법을 잃어버리고 자존감은 바닥을 칩니다. 그럴 때는 도전했을 때 성공 확률이 100%인 일을 하루 종일 하면 자존감이 살아납니다. 하루 종일 자기, 하루 종일 먹기, 하루 종일 내가 좋아하는 것 하면서 놀기. 주말에 한 번씩 이런 일을 멋지게 해내면서 자존감이 올라가면 그걸 가지고 월요일에 학교에 가서 공부하는 데 사용하는 겁니다. 쉬지 않고 365일 공부만 하면 자존감이 바닥을 치고 나를 사랑하는 방법을 잊어버리면서 모든 일에 포기가 빨라집니다.

사실은 저도 이런 과정을 겪었습니다. 몇 해 전 〈김미경 쇼〉를 진행했을 때 고3보다 더 바쁘고 치열하게 살았습니다. 하루에 두세 시간도 자지 못하고 방송에서 무슨 말을 해야 하나 고민하느라 머리가 터질 지경이었습니다. 바쁜 와중에 매일 도전하고 나에 대한 사람들의 기대가 커질수록 우울함이 함께 찾아왔습니다. 한번은 녹화 준비를 하면서 별것 아닌 일에 화를 내기도 했습니다. 그러던 와중에 개인적으로 강의를 중단할 수밖에 없는 사건이 생겼고 1년 내내 강의를 하지 못하며 지냈습니다. 월급을 제대로 줄 수 없는 상황이 되면서 20명이던 직원은 5명으로 줄었습니다. 가장 괴로웠던 것은 제가 강의를 너무 좋아한다는 사실이었습니다.

20년 이상 강의하면서 스스로가 김미경인지, 강사 김미경인지 구분할 수 없을 정도로 강의하지 않는 김미경은 상상도 못 했습니다. 대부분의 강의가 취소되면서 무엇을 해야 할지 모르던 저는 무작정 산책을 했습니다. 다리가 부르틀 때까지 걷고 또 걸으면서 이

대로 무너져 강의를 하지 못하게 되면 어떻게 할까 하는 고민에 빠졌습니다. 몇 개월을 그렇게 걷고, 속상해서 울고, 혼자 이런저런 이야기를 하다가 어느 순간 이런 생각이 들었습니다.

'강의 안 하면 어때, 미경아. 너는 왜 네 탄생보다 네 꿈이 중요하다고 생각하니? 김미경 그 자체로는 안 되겠니? 꼭 강사여야 하니? 강의 안 하고 TV에 안 나가도 그냥 김미경으로 살면 돼. 그동안 네가 강사 김미경을 데리고 사는 방법은 너무 잘 알았지만, 그냥 김미경은 어떻게 데리고 살아야 하는지 몰랐구나.'

그리고 보니 그동안 저는 강사 김미경을 데리고 잘 살아왔지만 그냥 김미경은 놓치고 있었습니다. 왜 강사 김미경만 좋아하고 그냥 김미경은 싫어했을까 하는 생각이 드는 순간 미안함이 밀려오면서 완전히 달라졌습니다. 강사를 뺀 그냥 김미경을 데리고 살기 시작했습니다.

우리는 두 명의 나를 데리고 삽니다. 우선 탄생하면서 데리고 살아가는 제1의 존재가 있습니다. 그리고 살면서 좋은 직업을 갖고 돈을 벌면서 만들어진 꿈을 대변하는 제2의 존재도 있습니다. 그런데 돈을 벌기 시작하면 숨 쉬고 살아있다는 탄생 자체가 더이상 중요해지지 않고 뭐 하는 사람인지, 얼마큼 버는지, 얼마나 유명한지를 중요하게 생각합니다. 저 역시 50년 넘게 살면서 탄생에서 꿈으로 너무 멀리 와버렸습니다. 우리는 꿈을 좇는 제2의 존재를 나라고 생각하지만 사실은 탄생 그 자체로 의미를 갖는 제1의 존재도 나입니다. 숨만 쉬어도, 살아만 있어도 소중한 나 자체만으로도 내가 괜찮은 사람이라는 것을 알려주는 제1의 존재와 함께 살면 행복을 느낄 수 있습니다. 밥을 먹고, 자고, 책을 읽으면서 누가 날 알아주지 않고 만나러 오지 않아도 내 탄생과 함께 살아가면서 너무 행복해졌습니다. 그러다 보니 또 기회가 찾아왔고 저는 다시 제2의 존재와도 함께 살게 되었습니다.

이렇듯 제1의 존재는 실패해야 만날 수 있습니다. 인간도 자연의 일부이기에 나무가 뜻하지 않은 벼락을 맞는 것처럼 우리에겐 반드시 불행한 일, 힘든 일이 생기기 마련입니다. 그때마다 제2의 존재로서의 꿈이 잘 풀리지 않아도 탄생 그 자체로 존재하는 제1의 나를 기억해야 합니다. 속상할 때마다 제1의 존재를 만나 "괜찮다", "사랑한다"는 말을 들으면 됩니다.

얼마 전 배우 샤론 스톤Sharon Stone이 중풍에 걸렸다는 기사를 읽었습니다. 섹시함의 대명사인 여배우가 중풍에 걸렸다면 어떨 것 같나요? 아마도 샤론 스톤은 여배우로서 자신을 데리고 사는 방법은 잘 알지만 갑자기 중풍에 걸린 나를 데리고 사는 방법은 잘 몰랐을 것입니다. 연기도 할 수 없고, 사람들에게 잊혀지고, 몸이 마음대로 움직이지도 않는 상황에 놓이면 대부분은 죽음을 생각합니다. 자신을 데리고 사는 것이 힘들어 놓아버리는 것이죠. 그런데 샤론 스톤은 이렇게 말했습니다.

"저는 중풍에 걸려 아픈 이후에 태어나서 한 번도 만나지 못했던 나를 만났습니다. 그래서 한 번도 써보지 못했던 내 마음을 쓰고 싶습니다."

순간 그녀가 제1의 존재를 만났다는 사실에 커다란 감동을 느꼈습니다. 꿈이 아니더라도 탄생 그 자체로 살아갈 수 있다는 걸 깨달은 그녀는 얼마나 힘있게 살아갈까, 얼마나 아름다운 자신의 모습을 볼까 하는 생각이 드니 기분이 좋았습니다.

사람이 무엇인가를 생성하기 위해서는 기본적으로 실패가 따라옵니다. 실패할 때마다 속상해하지 말고 오차라고 생각해 보세요. 그것에서 연기적 탄생, 동시 탄생이 일어나 3년, 5년 뒤의 내가 채워집니다. 그런 희망을 가지고 살아도 감당할 수 없는 속상한 일이 생기고 해석할 수 없는 일이 생깁니다. 그럴 때는 나의 탄생을 만나면 됩니다. 그러면 또 하나의 생성이 일어나고, 그 힘으로 다시 나아갈 수 있습니다.

우리는 그동안 살아가면서 아프기도 했고 속상한 일도 많았고 실패도 여러 번 경험했습니다. 그럼에도 포기하지 않고 나를 데리고 살았다는 건 너무 잘한 일입니다. 그런 우리는 모두 살아낸 자격증을 가지고 있습니다. 남은 인생도 많이 실패하고 절대로 나를 놓치지 말고 살아내세요. 그래서 연말마다 자신에게 "잘 살았다", "살아내느라 고생했다"고 칭찬해 주길 바랍니다.

어른 마음 사용설명서

| 양 재 진 |

마음에 관해 이야기할 때 스트레스를 말하지 않을 수 없습니다. 과연 스트레스란 무엇이며 우리는 이것을 어떻게 다뤄야 할까요?

쥐를 가둬둔 두 개의 우리가 있습니다. 하나의 우리에는 적정 수의 쥐를 넣어두고 풍족한 먹이와 적절한 온도와 습도를 제공해 최적의 환경을 만들어주었습니다. 반면 다른 우리에는 좀 더 많은 수의 쥐들을 집어넣고 부족한 먹이와 들쑥날쑥한 온도와 습도로 생활하기 미흡한 환경을 제공했습니다. 과연 어느 쪽 우리의 쥐들이 더 많은 스트레스를 받았을까요?

누구라도 불편한 환경에 놓인 쥐들이 스트레스를 더 많이 받았을 것이라 생각합니다. 맞습니다. 실제로 스트레스 지수를 측정한 결과 미흡한 환경에 놓인 쥐들이 더 많은 스트레스를 받았습니다.

160

하지만 더 건강하게 잘 자란 쥐 역시 그들이었습니다. 스트레스는 우리의 건강을 위협한다는 기존의 생각이 완전히 뒤집힌 결과입니다.

스트레스는 어디에서 올까?

스트레스stress라는 단어의 어원은 '팽팽한' 혹은 '꽉 조이는'이라는 뜻의 라틴어 스트링거stringere에서 나왔다고 합니다. 우리말로 풀이하면 '압박' 정도로 해석할 수 있겠습니다. 원래 스트레스는 물리학에서 사용하던 단어입니다. 긴장, 단단하게 조인다는 뜻을 가진 이 단어를 의학에 최초로 적용한 사람은 캐나다의 내분비학자 한스 셀리에Hans Selye입니다. 셀리에는 스트레스를 두 가지로 분류했습니다.

첫째는 좋은 스트레스인 '유스트레스eustress'입니다. 지금 당장은 불편할지 몰라도 결과적으로 우리의 삶에 긍정적으로 작용하는, 우리가 살아가는 데 꼭 필요한 스트레스입니다. 앞서 이야기한 불편한 환경에 놓인 쥐들이 받은 적절한 스트레스가 이에 해당합니다. 둘째는 부정적이고 과도한 스트레스인 '디스트레스distress'입니다. 심리적 고통이 함께하는 디스트레스로 인해 우리는 여러 가지 질병이 발생하는 신체적 고통도 경험합니다.

이런 스트레스가 왔을 때 우리에게 실제로 어떤 일들이 벌어지

——교통사고 현장

는지 살펴보겠습니다.

교통사고가 발생한 현장의 사진입니다. 바퀴가 빠지고 뒷 창문도 날아간 걸 보면 꽤나 큰 사고가 났다는 것을 알 수 있습니다. 일반적으로 우리가 알고 있는 교통사고 상황은 한쪽 구석에서 보험사에 전화를 걸거나 차 옆에 쪼그려 앉아 망연자실해 있는 모습이 대부분입니다. 혹은 뒤차와 사고가 났다면 운전자들끼리 서로 삿대질을 하거나 멱살잡이를 하는 장면이 그려지기 마련입니다. 그런데 사진 속 사람은 기타를 치고 있습니다. 이는 똑같은 스트레스를 받아도 사람마다 반응이 다르다는 것을 보여줍니다.

가령 수치로 계산했을 때 10 정도의 스트레스가 왔을 때 일반적으로는 9~11 정도 수준의 스트레스 반응을 보입니다. 하지만 간혹

2~3 정도로 생각하는 사람들이 있습니다. 좋게 이야기하면 긍정적이고 낙천적인 사람이지만 나쁘게 이야기하면 답답하고 속 터지는 사람입니다. 이들은 아무리 큰 스트레스가 와도 작게 받아들이기 때문에 무병장수할 가능성이 높습니다. 하지만 이들과 함께 사는 배우자나 함께 일하는 직장동료들은 그들로 인해 스트레스를 받아 속앓이를 하고 병에 걸릴 가능성이 높습니다.

반대로 10 정도의 스트레스가 왔을 때 20~30 정도로 일반적 수치보다 크게 받아들이는 사람도 있습니다. 좋게 이야기하면 세심하고 꼼꼼한 성격의 소유자라 말할 수 있지만 나쁘게 이야기하면 예민함과 민감함으로 똘똘 뭉친 사람이라고 할 수 있습니다. 여기에 속하는 사람들의 성향은 둘로 나뉩니다.

하나는 부드럽고 약한 성향을 가진 사람들입니다. 자신의 행동이나 말을 다른 사람이 어떻게 바라보고 평가할지에 대한 걱정이 큰 사람들입니다. 상대방을 의식하며 그들의 반응에 대한 걱정이나 불안이 많습니다. 따라서 이들은 절대 타인에게 싫은 소리를 못하고 나쁜 말도 하지 못합니다. 무엇보다 거절을 하지 못합니다. 이들이 싫은 소리나 거절을 하지 못하는 것은 결코 착해서가 아닙니다. 그렇게 하지 않으면 자신의 마음이 불편하기 때문입니다.

다른 하나는 강하고 센 성향을 가진 사람들입니다. 이들은 살아가는 데 있어서 나만의 원리원칙을 가지고 있습니다. 이 원리원칙은 도덕적으로, 윤리적으로, 법률적으로 대부분 옳은 이야기이고 좋은 생각입니다. 그런데 문제는 그들이 자신의 원리원칙을 자신만 지키는 데 만족하지 않고 주변 사람들에게도 지킬 것을 강요한다는 것입니다. 쉽게 말해 이들은 자기 자신뿐 아니라 주변 사람들과 주변 사물들, 상황들을 모두 마음대로 통제하고 컨트롤해야 직성이 풀리는 사람들입니다.

이처럼 같은 스트레스라도 사람마다 반응이 다른 이유는 무엇일까요? 여러 가지 원인이 있겠지만 그중 가장 중요한 것은 바로 불안도와 긴장도라는 것의 차이입니다.

아래 사진은 불안도와 긴장도가 일반적인 사람들의 피크닉과 주차장 사진입니다.

——불안도와 긴장도가 일반적인 경우

165쪽의 사진은 불안도와 긴장도가 극도로 높은 사람들의 사진입니다. 피크닉 사진을 보면 메트리스, 파라솔, 남자와 여자, 아이들별로 기가 막히게 줄을 세워놓았습니다. 주차장 사진 역시 마찬가지로 색깔별로 정렬해 놓았습니다. 이 사진을 보면서 답답함을 느

——불안도와 긴장도가 극도로 높은 경우

끼는 사람이 있는가 하면 반대로 이제야 무언가 제대로 정리가 된 듯 마음이 편안해지는 사람도 있을 것입니다. 또한 이 사진을 보면서 다른 사람들이 경악을 금치 못할 때 한쪽 구석에 검정 자동차 사이에 잘못 서 있는 노란색 자동차를 발견하는 사람도 있습니다. 이들은 불안도와 긴장도가 극에 달한 사람이라고 할 수 있습니다.

이들 사진이 의미하는 것은 불안도와 긴장도가 높은 사람은 동일한 스트레스가 오더라도 더 크게 받아들이는 데서 끝나지 않는다는 사실입니다. 노란 자동차를 발견한 것처럼 다른 사람들에게는 잘 보이지 않는 것을 발견하거나 다른 사람들은 듣지 못하는 것을 듣고, 다른 사람들은 눈치채지 못하는 묘한 분위기를 눈치챈다는 것이 문제입니다. 즉 남들에게는 스트레스가 아닌 것이 스트레스로 다가오고 각각의 스트레스를 타인과 비교할 때 훨씬 크게 받아들이기 때문에 하루하루 편안하고 안정적인 마음으로 살아가기가 힘듭니다.

그렇다면 이런 불안도와 긴장도는 도대체 어디에서 오는 것일까요? 그리고 왜 사람마다 차이를 보이는 것일까요? 이는 성격에서 비롯합니다. 스트레스에 영향을 주는 성격의 50%는 우리가 가지고 태어나는 것입니다. 우리는 그것을 '기질'이라고 부릅니다. 이 기질은 부모로부터 물려받은 것입니다. 그런데 재미있게도 이론상으로는 아이가 엄마와 아빠의 기질을 반반씩 닮아야 하는데 성격적으로 아이가 부모의 절반씩 닮는 경우는 거의 없습니다. 아이가 자신을 닮은 것에 대해 사람들은 똑똑하고, 착하고, 순하고… 등 좋은 점은 본인을 닮은 덕분이라고 생각하고 좋지 않은 부분은 배우자를 닮은 탓이라고 생각합니다. 이는 완전히 틀린 것은 아닙니다. 배우자와 싸워서 배우자가 미울 때 자신의 아이도 똑같이 밉다면 그 아이는 배우자의 성격을 닮았을 가능성이 높습니다.

그렇다면 나를 닮은 아이를 알아보는 방법은 무엇일까요? 아이를 키울 때 나도 모르게 신경 쓰이고 자꾸 걱정되는 아이가 있습니다. 계속해서 잔소리를 하게 되는 아이가 나를 닮은 아이일 가능성이 매우 큽니다. 그 이유는 그 아이에게서 내가 싫어하는 나의 성격이나 바꾸고 싶은데 잘 고쳐지지 않는 나의 모습이 계속해서 보이기 때문입니다. 아이가 그러한 성향을 아주 조금만 보여도 그것이 점차 커질 것이라고 지레 걱정하게 되는 예기 불안으로 인해 잔소리를 하게 됩니다.

우리의 성격을 구성하는 나머지 50%의 절반인 25%는 태어나서 만 5~6세 정도, 즉 초등학교에 들어가기 전까지 완성됩니다. 환경에 의해서 형성되는 성격으로 어떤 양육 환경에서 어떤 가정교육을 받으며 자랐느냐에 따라 만들어집니다. 한 사람이 태어나 100년 가까이 살면서 평생을 가지고 살아가야 하는 성격의 75%가 부모의 영향을 받는 것입니다. 따라서 부모가 괜찮아야 아이가 괜찮은 사람이 될 수 있습니다. 나머지 25%의 성격은 10대부터 40대에 이르기까지 경험에 의해 생성되는 것입니다. 드디어 내 스스로 만들어 갈 수 있는 성격입니다.

그렇다면 이렇게 형성된 우리 성격과 조금 전 이야기한 불안도와 긴장도는 어떤 상관관계가 있을까요? 극단적인 예를 들자면 태어났을 때부터 유독 예민한 아이가 있습니다. 몇 시간이고 잠투정을 하거나 재워도 얼마 못 가 깨는 일도 많습니다. 게다가 잠자리뿐 아니라 덮는 이불만 바뀌어도 자지 못합니다. 반면 재우기 시작한 지 얼마 되지 않아 잠들고 잘 깨지 않아 엄마가 일하거나 쉴 수 있게 만들어주는 아이도 있습니다. 이런 식으로 불안도와 긴장도는 아이가 태어났을 때 부모로부터 물려받은 유전적 기질로 인해 이미 결정되어 있습니다.

하지만 아이의 성격에서 불안도와 긴장도가 형성되는 것과 관련해 가장 중요한 시기는 만 5~6세까지의 영유아기로, 바로 부모의 양육환경과 가정교육에 의해 성격이 형성되는 시기입니다. 예를 들어 불안도와 긴장도가 높은 기질을 가지고 태어난 아이가 만 6세 이전에 부모의 불화나 긴장감이 맴도는 집안 분위기에서 자라거나,

부모로부터 주로 부정적인 피드백을 받으면서 자란다면 아이가 가지고 있는 불안도와 긴장도는 훨씬 강화됩니다. 반대로 높은 불안도와 긴장감을 가지고 태어난 아이라도 영유아기 시절 화목하고 안정적인 가정 분위기에서 주로 긍정적인 피드백, 칭찬과 격려를 받으면서 자란다면 불안도와 긴장도가 완화됩니다. 즉 유전적 성격도 중요하지만 어떠한 환경에서 아이가 자라고 그 영향을 받아 성격이 완성되는가가 더욱 중요합니다. 결국 불안도와 긴장도는 성격으로부터 오게 되며, 그 결과 같은 스트레스를 받아도 서로 다른 반응을 보이는 것입니다.

어른을 위한 마음 처방전

우리나라 드라마를 보면 스트레스를 받은 어머니가 가장 먼저 하는 일이 바로 머리에 끈을 두른 채 싸매고 눕는 것입니다. 대체 왜 머리에 끈을 묶을까요? 우리의 마음은 가슴이 아닌 뇌에 있습니다. 뇌 속에 존재하는 신경전달물질이 각각의 부위에서 적절하게 서로 간의 균형을 맞추면서 희로애락과 같은 감정과 생각을 조정해 줍니다. 그런데 나쁜 스트레스를 받으면 신경전달물질의 균형이 깨집니다. 감당하기 힘들거나 만성적으로 지속되는 스트레스로 인해 신경전달물질의 균형이 깨졌을 때 찾아오는 대표적인 것이 우울증과 불안장애입니다.

우리는 우울증이라고 하면 단순히 기분이 우울한 것만을 생각하지만 그렇지 않습니다. 우울증은 크게 세 가지 증상으로 나뉩니다. 첫째는 기분 증상입니다. 우울하고 슬프고 불안하며 초조해집니다. 그리고 쉽게 눈물이 납니다. 누군가에게 자신의 이야기를 하려고 하거나 혼자서 잠시 생각에만 빠져도 왈칵 눈물이 쏟아지는데 잘 멈추지도 않습니다. 그리고 가장 중요한 기분 증상은 아무것도 하고 싶지 않은 무기력함입니다. 무기력은 우울증의 기분 증상 중 가장 중요한 감정임에도 우리는 무기력하기 때문에 우울증에 걸렸다고 잘못 생각합니다. 즉 무기력이 우울증의 원인이 아니라 우울증의 증상이 무기력입니다.

우울증의 두 번째 증상은 신체 증상입니다. 먼저 수면 리듬이 깨져서 불면증이 생깁니다. 잠들기 힘들 뿐 아니라 겨우 잠이 들어도 숙면을 취하지 못하고 자꾸 깨며 꿈을 많이 꾸고 악몽도 많이 꾸게 됩니다. 그 다음에 식욕 변화가 찾아옵니다. 남성에서는 대부분, 여성에서는 절반 정도가 식욕이 뚝 떨어지게 되고 이로 인해 체중 감소가 오기도 합니다. 반대로 남성에서는 일부가, 여성에서는 나머지 절반 정도가 폭식을 하기도 합니다. 우울증의 또 다른 신체 증상은 신체적 통증으로 몸 여기저기가 아픕니다. 특히 중년 여성에서 매우 흔한 증상으로, 몸이 너무 아파 병원에 가서 검사를 해도 정상 소견을 보이고 '신경성'이나 '스트레스성'이라는 말만 듣게 됩니다. 대표적인 것이 두통으로 드라마에서 어머니들이 머리를 싸매고 눕는 이유도 여기에 있습니다.

우울증의 세 번째 증상은 가장 중요한 인지 증상으로, 머릿속 생각으로 나타나는 증상입니다. 먼저 사고의 왜곡을 통한 부정적 사고의 반추가 있습니다. 무슨 일이든 안 될 것 같고, 소용없을 것 같으며 모두가 나를 싫어하는 것 같은 부정적인 생각이 머릿속을 지배합니다. 부정적 생각은 멈추고 싶어도 멈출 수 없고, 오히려 꼬리에 꼬리를 물고 머릿속을 계속 맴돕니다. 이 과정에서 자존감은 바닥으로 떨어집니다. 자존감이 추락한다는 것은 주변 사람들에게 지나친 죄책감이나 미안한 감정을 불러일으키는 변화로 이어집니다. '나만 없어지면 되지 않을까' 하는 생각은 여기서 출발합니다. 또한 집중력이 떨어지고 단기기억력도 떨어지게 되며 우유부단해져서 결정을 내리지 못하게 됩니다. 이 세상에 자신의 마음을 알아주는 사람이 하나도 없는 것 같은 소외감과 외로움을 느끼게 되고 내일은 오늘보다 더 힘들고 삶에 희망이 없을 것 같은 절망감도 느낍니다. 이렇게 힘들다 보니 죽음이란 무엇인지, 사후세계는 어떤 곳인지에 대한 생각을 하게 되고 자살 사고, 자살 충동까지 생기게 됩니다. 우울증 환자들은 우울해서 자살하는 것이 아닙니다. 우울증 증상의 하나로 자살 충동이 생기기 때문입니다.

우울증이 비교적 여성에게 잘 나타난다면, 남성은 불안장애에 걸리는 경우가 많습니다. 노르웨이 출신의 화가 에드바르 뭉크Edvard Munch의 〈절규〉는 그의 대표작 중 하나입니다. 뭉크의 어머니는 그가 5세 때 결핵으로 사망했고 14세 때에는 누나마저 결핵으로 세상을 떠났습니다. 얼마 뒤 여동생도 정신과적 진단을 받은 뒤 자살했습니다. 남동생마저 결혼한 뒤 사망하면서 많은 사람들을 잃었습니다. 이처럼 뭉크는 5세에 첫 죽음을 직면한 뒤 성장 과정에서도 계속

— 〈절규〉

해서 죽음에 대한 불안과 공포를 느꼈습니다. 그런 뭉크는 어느 날 친구와 다리를 건너던 중 갑자기 자신을 둘러싼 모든 것이 이상해지는 느낌을 받았습니다. 당시의 상황에 대해 뭉크는 이렇게 회상했습니다.

"나는 자연을 뚫고 나오는 절규를 느꼈다. 색채들이 비명을 질러 댔다."

뭉크가 경험한 현상은 익숙한 외부 세계가 갑자기 낯설게 느껴지는 주관적 경험을 뜻하는 '비현실감(derealization)'이라고 합니다. 당시 뭉크는 세상과 자신이 분리되는 느낌을 겪었을 가능성이 높습니다. 이러한 감정을 느끼는 비현실감은 공황장애의 주요 증상입니다.

불안장애의 대표적인 질환 중 하나인 공황장애는 쉽게 말하면 우리가 살아남기 위해 머릿속에 장착된 경보기인 불안 시스템이 고장 난 것입니다. 이 고장 난 경보기가 시도 때도 없이 최고의 강도로 발동하게 되면, 우리는 극도의 불안과 공포를 느끼면서 그에 따른 신체증상이 동반합니다. 머리가 어지럽고 식은땀이 나며 숨을 쉬기가 힘들어지고 심장이 미친 듯이 빨리 뛰면서 심장이 꽉 조여오는 느낌, 또는 가슴 통증을 느낍니다. 이런 신체증상과 더불어 자기가 낯설게 느껴지거나 자기로부터 분리, 소외된 느낌인 이인증이나 비현실감을 경험합니다. 그 과정에서 무언가 자신이 잘못되어 가고 있으며 미칠지도 모른다는 공포와 죽을 수도 있다는 공포까지 느끼는 것이 공황발작입니다. 이러한 공황발작과 함께 앞으로 또 발작이 일어날지도 모른다는 예기 불안을 느낄 때 우리는 공황장애라는 진단을 내립니다.

공황장애는 초기 치료가 매우 중요합니다. 제대로 치료가 이루어지지 않으면 우울증을 동반할 가능성이 높기 때문입니다. 초기에 치료를 하는 경우 완치되는 경우도 많습니다. 또는 증상을 가지고 있지만 일상에 문제가 없을 만큼 조절이 가능하기도 합니다.

나를 둘러싼 외부 환경에서 오는 모든 정신적, 신체적 자극을 통칭해서 스트레스라고 합니다. 그렇다면 스트레스를 받지 않을 방법은 없을까요? 방법은 두 가지입니다. 나를 바꾸거나, 환경을 바꾸는 것입니다. 먼저 환경을 바꾸는 것에 관해 이야기해 보겠습니다.

가령 A와 B는 결혼해 함께 살고 있습니다. 그런데 두 사람은 매일 갈등하고 싸우는 일상을 반복합니다. 이때 A와 B 중 어느 한 사람이 100% 잘못하는 상황이 존재할 수 있을까요? 부부 사이의 갈등과 싸움이 한 사람만의 완벽한 잘못으로 인해 일어나는 것은 불가능합니다. 한 설문기관에서 재혼한 사람들에게 결혼 만족도에 관해 조사했습니다. 그 결과 이혼의 원인과 유책 사유 등을 이전 배우자에게서 찾았던 사람은 재혼 후의 결혼 만족도가 낮았습니다. 반면 이혼의 원인과 유책 사유 등을 자신에게 돌렸던 사람은 재혼 후의 결혼 만족도가 높았습니다. 이처럼 환경이라는 것은 바꾸기 쉽지 않을뿐더러 환경을 바꿔도 자신이 바뀌지 않는 한 같은 문제가 반복될 가능성이 높습니다.

결국 중요한 것은 내가 어떤 사람인지 깨닫는 것입니다. 우리는 '사회적 관계 속의 나'에 관해서는 많은 생각을 하지만 '진짜 나'에 관해서는 무지합니다. 따라서 우리에겐 내가 누구인지 돌아보는 자아성찰이 필요합니다. 자아성찰을 위한 최고의 방법은 일기입니다. 일기는 스스로에게 묻고 답하는 나 자신과의 대화입니다. 그러나 일기를 쓰는 사람은 많지 않습니다. 우리에게 일기는 초등학교 시절 매일 해야 했던 숙제로 인식되어 있습니다. 숙제란 안 해도 되는 순간 하기 싫어지는 것입니다. 또한 어린 시절 머리 짜내며 숙제로 일기를 써봤자 두 차례의 검열이 기다리고 있었습니다. 1차로 엄마가 검사한 뒤 2차로 선생님이 또 검사하면서 빨간 펜으로 평가를 했습니다. 감성이 풍부한 사춘기 시절 쓰는 일기는 더는 선생님께 검열받지 않아도 되지만 엄마가 몰래 훔쳐봅니다. 이 때문인지 우리나라에서는 비밀 유지가 가능한 자물쇠 달린 일기장이 가장 많이, 오래 팔린 스테디셀러를 기록하고 있습니다.

자아성찰을 하는 가장 좋은 방법인 일기는 나 자신과의 대화입니다. 그렇다면 '어떤 나와 대화를 해야 할까요? 이를 위해서는 먼저 자아를 구분해야 합니다. 우리의 자아는 타인에게 보여주고 싶은 나, 타인에게 객관적으로 보여지는 나, 내가 바라보는 나의 세 가지로 구분할 수 있습니다. 이들 중 가장 중요한 것은 내가 바라보는 나의 자아입니다. 이는 대부분의 사람들이 알고 있는 사실입니다. 하지만 많은 사람들은 자신이 가진 대부분의 시간과 노력, 정성, 열정, 돈 등을 타인에게 보여주고 싶은 나의 모습에 사용합니다. 즉 내가 바라보는 나를 키워야 함에도 남들이 볼 때 보잘것없는 내 모습이 들킬까 봐 남들에게 보여지는 자신의 모습을 부풀리는 데 집중합니다. 저는 이를 '포장마차 오징어튀김 이론'이라고 부릅니다.

포장마차에서 오징어튀김을 먹으면서 튀김옷 속 오징어가 생각한 것보다 작아 실망한 경험이 대부분 있을 것입니다. 튀김옷 안의 오징어가 작으면 오징어를 키워야 하는데 많은 사람들은 오징어의 작은 모습이 들키는 것이 두려워 튀김옷을 몇 겹씩 더 입혀 튀겨냅니다. 겉으로 보기에는 그럴듯하게 커다란 오징어튀김이지만 정작 속에는 얇고 작은 오징어가 들어 있는 것입니다.

어쩌다 어른

오징어튀김 같은 우리의 모습은 흔히 남자들의 허세와 여자들의 외모 치장에서 찾을 수 있습니다. 과한 허세와 치장은 튀김옷을 키우는 것일 뿐입니다. 중요한 것은 튀김옷 속의 오징어, 즉 내가 바라보는 나를 키우는 것입니다.

내가 바라보는 나를 정신건강의학과에서는 '자존감'이라고 표현합니다. 자존감이 높아진다는 것은 타인의 시선으로부터 자유로워진다는 것으로 볼 수 있습니다. 이는 스트레스로부터 자유로워질 가능성이 높아진다는 것을 뜻하며, 이때 스스로 행복해질 수 있습니다. 이처럼 자존감을 키우는 행위는 타인이 아닌 나를 위해 이루어져야 합니다.

자존감을 키우기 위해서는 첫째, 자신의 힘으로 성취해야 합니다. 둘째, 성취에 대해 주변 사람들과 칭찬, 격려와 같은 긍정적 피드백을 주고받아야 합니다. 셋째, 봉사나 기부입니다. 사람은 누군가에게 필요한 사람일 때, 누군가에게 도움이 될 때 자존감이 매우 올라갑니다. 따라서 봉사와 기부같이 타인을 돕는 행위는 궁극적으로 나를 돕는 행위이며 자존감을 키우는 데 큰 역할을 합니다.

지금까지 성격부터 자아까지 나눠봤으니 마지막으로 나를 구성하는 것에 관해 이야기하겠습니다. 176쪽의 그래프를 살펴보시기 바랍니다.

녹색은 본연의 내 모습입니다. 나의 일, 취미, 대인관계, 꿈 등이 이에 해당합니다. 파란색은 여자로서 혹은 부인으로서의 나, 남자

미혼   기혼   가족

——나를 구성하는 것

로서 혹은 남편으로서의 나를 뜻합니다. 그래프를 보듯 결혼을 하면 파란색이 약 30%가량 증가합니다. 본연의 나에게 희생을 필요로 하는 것입니다. 이 희생 없이 결혼 생활을 유지하려 한다면 문제가 발생합니다. 또는 지나친 희생으로 본연의 내가 사라지는 것도 결혼 생활을 유지하는 데 문제가 됩니다. 마지막으로 노란색은 부모로서의 내 모습입니다. 여성의 경우 노란색이 상당히 많은 부분을 차지합니다. 모든 것이 아이 위주로 돌아가고 아이에게 모든 것을 쏟아내기 때문입니다. 심지어는 대인관계마저 아이의 친구 위주로 이루어지기도 합니다. 하지만 이럴 경우 엄마로서만 살다가 아이가 독립하게 되면 나를 채우던 것이 텅 비어버리게 됩니다.

따라서 우리는 나를 구성하는 세 가지 요소인 부모로서의 나, 여자 혹은 남자로서의 나, 본연의 나의 균형을 잘 맞추며 살아가야 합니다. 만일 이들 중 어느 하나가 흔들려도 나머지가 우리를 버틸 수 있게 만들어주기 때문입니다.

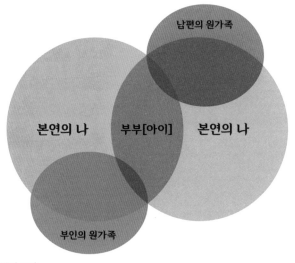

남편의 원가족

본연의 나   부부[아이]   본연의 나

부인의 원가족

——가족의 구성

　우리가 흔히 사용하는 말 중 '부부는 일심동체—心同體'라는 것이 있습니다. 이는 잘못된 표현입니다. 부부는 이심이체二心異體이며 교집합이라고 생각해야 합니다. 부부와 부모로서 70% 정도만 공유하고 나머지 30%는 본연의 나를 지키는 데 사용해야 합니다. 더욱 중요한 것은 상대방의 본연의 모습도 인정하는 것입니다. 아이는 70%의 교집합에 포함됩니다.

　우리나라에서 이혼에 영향을 미치는 가장 큰 변수 중의 하나는 바로 확대 가족입니다. 남편의 원가족과 부인의 원가족이 그것입니다. 고부갈등에 이어 최근에는 장서갈등까지 계속해서 증가하는 이유는 확대 가족의 영향력에 있습니다. 확대 가족은 그래프 속 교집

합의 범위에서만 부부 사이에 관여할 수 있습니다. 결코 남편과 아내 개인의 삶에 관여해서는 안 됩니다.

이처럼 내 인생을 잘 살아가기 위한 최소한의 행복을 위해서는 내가 누구인지, 나를 채우고 있는 것은 무엇인지를 확인히 는 과정이 필요합니다. 그 과정에서 스트레스로부터 자유롭고 자존감을 키우며 좀 더 풍요로운 삶을 누리는 방법을 깨달을 것입니다.

사랑은 착각으로부터 시작된다

| 김 대 수 |

캐나다 벤쿠버 캐필라노 협곡에는 두 개의 다리가 있습니다. 하나
는 자동차가 다니는 크고 튼튼한 다리이고, 다른 하나는 한두 사
람이 겨우 지나갈 수 있는 흔들다리입니다. 캐나다 브리티시 컬럼
비아 대학의 아서 아론Arthur Aron과 도널드 더튼Donald Dutton 박사는 한
가지 실험을 했습니다. 남성 참가자들을 모집해 두 그룹으로 나눈
뒤 각각의 다리를 건너도록 했습니다. 두 다리 끝에는 한 여성이 있
었고, 그녀는 다리를 건너온 남성 참가자를 상대로 설문조사를 했
습니다. 여성은 간단한 질의응답 후 더 생각나는 것이 있으면 전화
해 달라며 남성들에게 연락처를 주었습니다. 조사가 끝난 뒤 두 그
룹 중 연락이 더 많이 온 쪽을 조사해 보니 튼튼한 다리를 건너온
남자들보다 흔들다리를 건너온 남자들의 연락이 월등히 많았습니

다. 흔들다리를 건너온 남자들이 여성에게 사랑의 감정을 느꼈기 때문입니다.

과연 사랑이란 무엇일까요? 우리는 감정이라는 것을 알지만 사랑이 무엇인지는 확실히 알지 못합니다. 사랑하기 때문에 가슴이 뛴다고 생각하지만 캐필라노 협곡 실험의 결과는 정반대로 가슴이 뛰기 때문에 사랑한다고 느끼는 것으로 확인되었습니다. 흔들리는 다리를 건너면서 공포감에 심장박동이 빠르게 뛰고 식은땀이 나는 등의 신체 변화가 마치 눈앞의 여성 때문인 것으로 뇌가 착각한 것입니다. 그리고 우리는 캐필라노의 원리를 실제로 활용하고 있습니다. 연인과 함께 놀이공원에서 롤러코스터를 타거나, 카페에서 커피를 마시는 것은 모두 심장박동을 증가시키는 행위입니다. 그런데 우리 뇌는 당시 내 옆에 있는 상대 때문에 이러한 변화가 일어났다고 착각합니다. 즉 가슴 뛰는 경험과 상대방에 대한 정보가 뇌 속에서 서로 연결되는 것입니다.

사랑의 3단계

지금부터 우리 뇌가 사랑을 느끼고 행동하는 방법을 알아보겠습니다. 생물학 인류학자인 헬렌 피셔Helen Fischer 박사는 사랑에는 3단계의 과정이 있다고 이야기합니다. 우리는 사랑을 단순히 뜨거운 감정이라고 생각하지만 사랑은 생각보다 복잡한 것입니다. 사랑의 1단계는 욕정입니다. 욕정은 특정한 대상이 존재하지 않아도 기본적으로 사랑의 대상을 지속적으로 추구하는 본성을 말합니다. 2단계는 특정 대상을 발견하였을 때의 끌림입니다. 마치 사진의 아웃포커스처럼 배경은 흐리고 그 사람만 선명하게 보이고 같이 있기를 바라죠. 마지막 3단계는 관계가 형성되는 애착입니다. 시간이 지나면서 처음 같은 떨림은 없지만 배우자로서 평생 함께할 수 있는 감정으로 연결된 상태입니다. 소위 말하는 '정'으로 사는 단계라 할 수 있습니다.

욕정은 뇌의 본능적 반응과 연관이 있습니다. 뇌의 신경회로는 어떤 상황에서 자극이 들어오면 사고작용을 거치지 않고 즉각적으로 또는 일관된 행동을 하도록 설계되어 있습니다. 이것을 '고정행동 패턴'이라고 합니다.

동물학자 니코 틴버겐Niko Tinbergen, 콘라드 로렌츠Konrad Lorenz, 카를 폰 프리슈Karl von Frisch는 동물에게서 다양한 고정행동 패턴을 발견했습니다. 그중 널리 알려진 것이 태어나 처음 본 동물을 엄마라고 믿고 따르는 오리의 모습입니다. 남성에게서도 대표적인 고정행동 패턴을 발견할 수 있습니다. 이성이 지나가면 그쪽으로 고개가 무조건 돌아가는 행동입니다. 이는 특히 남자의 뇌가 이성에 관해 좀 더 민감하게 반응하기 때문입니다. 혹시 여러분의 남자친구나 배우자가 이런 행동을 보인다면 일단은 뇌가 정상이라는 긍정적인 신호로도 해석할 수 있으니 너그럽게 이해해 주시길 바랍니다.

——누가 더 매력적인가

끌림의 단계에서 남자의 뇌는 또 다른 놀라운 능력을 발휘합니다. 한 여성의 두 가지 사진 중 어떤 사진이 더 매력적인가요? 영국의 크레이그 로버트Craig Robert 박사는 남성과 여성을 대상으로 더 매력적인 여성을 선택하라는 실험을 진행했습니다. 그 결과 여성들은 대부분 두 사진의 차이를 잘 느끼지 못했습니다. 반면 남성들은 두 사진에서 차이를 느꼈습니다. 많은 남성들이 왼쪽 사진의 여성이 더 매력적이라고 대답한 것입니다. 남성들이 왼쪽 사진을 선호하는 이유는 가임기 때 촬영한 사진이기 때문입니다. 남성에게는 가임기의 여성을 구별할 수 있는 능력이 있습니다. 이는 남성의 뇌가 그만큼 종족 번식을 위해 발달했다는 뜻이기도 합니다.

통계적으로 남자의 뇌는 주로 자신보다 어린 여성에 더 끌립니다. 반대로 여성은 자신보다 나이가 많은 남성을 선호합니다. 또한

어쩌다 어른

182

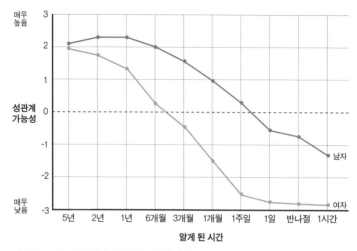

——남자는 만난 지 1시간이면 성적인 생각을 한다

남녀가 처음 만나 성적인 생각을 하는 시기를 조사해 보니 남성은 첫 만남에서 한 시간이 지났을 때부터 그 생각을 하기 시작해 일주일이 되기 전에 평균을 뛰어넘었습니다. 반면 여성은 신중했습니다. 초반에는 그런 생각을 거의 하지 않았으며 적어도 6개월이 돼야 평균을 넘어섰습니다. 이러한 차이는 결과적으로 남자와 여자의 뇌가 다르다는 것을 보여줍니다.

남성은 여성의 외모를 중요하게 여기지만 여성은 외모보다는 남성의 능력을 중요하게 평가합니다. 여성의 뇌는 상대적으로 계산에 빠릅니다. 《미녀와 야수》《잠자는 숲속의 공주》《인어공주》와 같은 아름다운 동화의 공통점은 남자들의 능력이 뛰어나다는 것입니다. 《잠자는 숲속의 공주》 속 왕자는 허락도 받지 않고 공주에게 키스를 합니다. 지금의 기준으로 보면 완벽한 성추행이지만 왕자님이기 때문에 용서가 됩니다. 《미녀와 야수》의 야수는 흉측하게 생겼음에도 왕자님이기 때문에 아름다운 미녀와의 사랑을 이룹니다. 《개구리 왕자》라는 동화는 상대가 양서류임에도 불구하고 왕자라는 이유로 공주와 행복한 결말을 맞이합니다. 이러한 여성의 선호도 때문에 남자들은 힘이 듭니다.

그런데 남성들만 힘든 게 아닙니다. 동물의 세계에도 이러한 법칙이 작용합니다. 특히 상대를 고르는 데 까다롭기로 유명한 뿔논병아리의 암컷은 수컷을 선택할 때 3단계의 테스트를 거칩니다. 첫 번째 단계는 지구력 테스트입니다. 뿔논병아리는 잠수성 오리이기 때문에 물 위를 뛸 수 있습니다. 암컷은 구애하는 수컷과 함께 물 위를 뛰면서 잘 따라오는지를 확인합니다. 간격을 잘 맞추지 못하고 뒤처지거나 중간에 포기하는 수컷은 탈락합니다. 두 번째는 순발력입니다. 물 위를 뛰다가 어느 순간 암컷은 갑자기 방향을 틀어버립니다. 이때 각도를 튼 암컷을 잽싸게 따라가지 못하고 그냥 지나치는 수컷 또한 짝짓기 후보에서 탈락합니다.

뿔논병아리 암컷이 이처럼 엄격하게 짝짓기 상대를 결정하는 이유는 부부가 함께 공동육아를 하기 때문입니다. 아빠가 먹이를 가져오는 동안 엄마가 새끼들을 돌보고, 엄마가 먹이 사냥을 나서면 아빠가 새끼들을 돌봅니다. 새끼들과 함께 있는데 천적이 나타나면 아빠는 물 위를 뛰며 천적의 눈길을 끌어 둥지와 새끼를 보호해야 합니다. 그렇기 때문에 지구력이 좋아야 하고 천적을 잘 피하는 순발력도 필요합니다. 천적을 따돌리고 둥지로 돌아오는 남편이 곧 좋은 남편의 조건입니다.

그런데 여기서 끝이 아닙니다. 마지막 3단계 테스트가 남았습니다. 사냥 실력입니다. 물 위를 뛰어다니다가 멈춰 서서 물속으로 들어가 빠른 시간 안에 물고기를 잡아 와야 합니다. 너무 늦게 나오면 암컷은 이미 떠나고 없습니다. 물론 이들 테스트는 수컷의 외모가 암컷이 좋아할 만큼 뛰어나야 한다는 전제하에 성립됩니다.

암컷은 대칭인 수컷을 좋아합니다. 날개를 쫙 펴고 날아가는 새는 자신의 대칭성을 자랑하는 것입니다. 대칭성이 뛰어나다는 것은 신체가 건강하게 잘 발달했다는 뜻입니다. 사람의 경우도 마찬가지입니다. 대칭이 잘 맞는 얼굴과 비대칭 얼굴을 가지고 여성에게 설문조사를 하면 많은 사람들이 대칭성이 강한 얼굴이 더 매력적이라고 평가합니다.

사랑이 필요한 이유

일반적으로 사랑이 번식을 위한 것이라고 단정하는 경우가 많습니다. 틀린 말은 아니지만 과연 번식에 꼭 사랑이 필요한 것일까요? 사랑과 같은 감정이 없어도 번식이 가능하다는 많은 증거가 있습니다. 물속에 사는 매우 작은 벌레인 neumania papillator는 눈이 없어서 서로를 보지 못합니다. 이들의 교미는 그림 속 (A)처럼 수컷이 교미를 위해 암컷에게 다가가 손을 흔들면서 시작됩니다. 진동을 느낀 암컷은 먹잇감이 왔다고 착각해 잡아먹기 위해 벌떡 일어납니다. 그 순간 수컷은 암컷의 밑에 정자를 밀어 넣습니다. 먹을 것이 없다는 것을 파악한 암컷이 다시 앉는 순간 강제로 번식이 일어납니다. 낭만이나 사랑이라는 감정은 전혀 없지만 번식은 문제없이 이루어지고 있습니다.

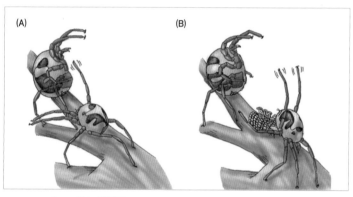

——neumania papillator의 번식

교미 과정이 독특하기로 유명한 사마귀의 번식에도 사랑은 존재하지 않습니다. 오히려 감정을 만들어내는 뇌가 방해가 되는 경우입니다. 수컷 사마귀는 상대적으로 암컷보다 작습니다. 따라서 자신이 교미 도중 잡아먹힐 수도 있다고 생각해 매우 조심스럽게 접근합니다. 조심성을 만들어내는 것은 수컷 사마귀의 뇌입니다. 그

——사마귀의 교미

러한 수컷이 기회를 포착해 교미를 시도하는 순간 암컷은 의심 가득한 수컷의 뇌를 먹어버립니다. 사마귀는 머리가 없어도 한동안 움직일 수 있기 때문에 그때부터 본격적인 교미가 진행됩니다.

인간의 경우도 예외는 아닙니다. 남성들 중 좋아하는 여성에게 고백하기 위해 취중진담을 이용하는 사람이 많습니다. 술을 먹게 되면 알코올이 전두엽의 기능을 약화시킵니다. 쉽게 말해 뇌가 없어지는 상태가 되는 것입니다. 그래서 자신 있게 사랑을 고백할 수 있습니다. 이러한 행동을 보면 과연 단순히 번식만을 목적으로 한다면 사랑이라는 감정과 그에 관한 좋은 기억이 필요할까 하는 의문이 들기도 합니다. 그래서 실제로 많은 동물들이 교미를 하고 나면 헤어집니다. 결혼제도 같은 것이 없기 때문입니다.

사랑이 욕정과 끌림의 단계를 넘어 정으로 사는 애착 단계로 넘어가면 이미 뇌는 변하기 시작합니다. 옥시토신과 바소프레신이라는 호르몬은 정이라는 감정을 만들어내는 것으로 알려졌습니다. 최근 들쥐를 통한 실험을 통해 이에 관한 사실이 밝혀지기도 했습니다. 들쥐에는 두 종류가 있습니다. 가정을 꾸리지 않고 바람을 피우는 외도형 들쥐 미도우 볼과 가정적인 들쥐 프레리 볼입니다. 과학자들은 두 들쥐의 차이를 알아보기 위해 뇌를 비교해 보았습니다.

그림은 들쥐의 뇌를 자른 단면입니다. 아래쪽에 표시한 점이 배쪽 창백(복측 창백)이라는 특수 뇌 부위입니다. 여기에서 정을 쌓는 데 중요한 역할을 하는 바소프레신의 수용체가 많이 만들어집니다. 가정적

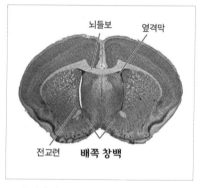

—들쥐의 뇌 단면

인 들쥐 프레리 볼은 바소프레신 신호를 받는 유전자가 굉장히 많이 발현되어 있었습니다. 이러한 사실을 확인한 과학자들은 바소프레신 수용체를 바람을 잘 피우는 미도우 볼의 뇌에 주입해 유전자를 발현시켜 보았습니다. 그러자 미도우 볼이 가정적으로 변했습니다.

그렇다면 정이라는 것은 왜 생겨날까요? 오랜 시간 동물을 연구한 신경과학자인 자크 판크세프Jaak Panksepp 박사는 긍정적인 감정을

어쩌다 어른

만들어내는 뇌에 관해 연구를 하던 중 쥐와 친해지게 되었습니다. 쥐는 쓰다듬어주거나 배를 만져주면 좋아하는 것뿐 아니라 소리를 내며 웃기도 했습니다. 동물의 뇌에도 좋은 감정을 만들어내는 부위가 있고 그로 인해 사람과 쥐 간에 좋은 관계가 형성된 것입니다. 그는 사회적으로 좋은 연결을 만들어내는 것이 뇌의 중요한 기능이며, 이를 활용하면 우울증과 같은 뇌 질환도 치료할 수 있을 것이라 내다보았습니다.

우리가 사는 세상은 서로 경쟁하면서 분노로 가득한 각박한 사회가 되었습니다. 가족 혹은 이웃 구성원 간에 협력하기가 점점 더 어려워지고 있습니다. 최근 〈네이처〉지에 보고된 연구에 따르면 사랑회로는 분노 회로와 매우 가까이 이웃하고 있어서 서로를 억제하는 기능을 한다고 합니다. 사회적으로 해석하면 어떤 대상에 대한 좋은 감정이 분노를 억제하고 협력을 촉진하는 순기능을 할 수 있다는 것입니다. 예를 들어 교육현장에서 증가하는 학교폭력은 폭력 행위 자체를 처벌한다고 해서 해결되지 않습니다. 하지만 신경과학적인 측면에서 접근하면 학생들이 우정을 쌓고 서로 좋은 감정을 가질 수 있는 기회를 만들어줌으로써 근본적인 문제를 해결할 수 있습니다. 강화된 사회적 연결과 사랑 신경의 활동으로 인해 분노와 같은 폭력적인 감정은 저절로 억제될 것입니다.

철학자 아리스토텔레스Aristoteles는 사랑을 다양하게 구분했는데, 그 기준이 매우 사회적입니다. 부모와 자식, 친구와 동료, 이성, 나라, 국가로까지 그 대상은 다양합니다. 이는 뇌의 사회적 기능을 인정하고 그에 따라 구분한 것이라고 할 수 있습니다. 다만 아리스토텔레스는 사랑이 뇌보다는 심장에서 만들어진다고 믿었습니다. 그래서 사랑의 이모티콘이 'Heart(심장)'가 된 것입니다.

사회적 교감을 위한 교감신경

뇌가 사회적 연결을 하면 서로 교감할 수 있게 됩니다. 교감이란 상대방의 감정을 이해하는 것으로 상대의 경험을 간접 체험할 수 있다는 장점이 있습니다. 우리는 종종 드라마에서 남녀 주인공이 사랑을 속삭이는 장면을 보면서 마치 내가 주인공이 된 것 같은 착각에 빠지기도 합니다. 이러한 감정을 만들어내는 신경세포가 바로 거울신경입니다. 그것은 마치 거울을 보듯 상대가 느낀 감정을 우리도 느낄 수 있게 해줍니다. TV 속에서 남자 배우가 여자 배우의 어깨에 손을 올리는 장면을 시청하면서 아주머니가 자신의 어깨도 따뜻해짐을 느끼는 이유가 바로 거울신경 때문입니다. 과학자들은 원숭이를 상대로 한 실험에서 거울신경을 발견했습니다. 주스를 마시는 동료를 본 원숭이의 뇌에도 실제로 주스를 마셨을 때 활성화되는 신경이 활발히 작동한 것입니다.

거울신경을 통한 교감은 사회적 협력에 매우 중요합니다. 중국의 어느 동물원에서 사육사가 뱀의 먹이로 생쥐 두 마리를 우리에 넣어주었습니다. 뱀은 먼저 넣어준 생쥐 한 마리를 물었습니다. 그러자 두 번째로 넣어진 생쥐는 친구가 잡아먹히는 모습을 보고 뱀을 공격하기 시작했습니다. 위험에 빠진 친구의 모습을 보고 교감하면서 마치 자신의 일처럼 느껴 뱀을 공격한 것입니다. 그 모습을 본 사육사는 감동을 받았고 두 마리 생쥐를 모두 구해주었습니다. 실제로 생쥐를 이용해 실험해 본 결과 자신이 잘 아는 생쥐일수록 도움을 주는 행동이 더 많이 나타나는 것을 알 수 있었습니다. 또한 친구 쥐가 갇혀 있을 때 문을 열어 구해주는 행동도 관찰되었습다. 갇혀 있는 친구의 상태를 교감했고 그 결과 자신의 일처럼 여겨 도움을 준 것입니다.

사회적 동물인 인간이 교감한다는 것은 서로에게 도움을 줄 수 있다는 것과 같습니다. 환자와 환자를 사랑하는 사람의 뇌를 동시에 촬영해 보면 고통을 교감하는 것을 확인할 수 있습니다. 환자의 몸이 통증 신호를 보내 고통을 느끼면 그 환자를 바라보는 사랑하는 가족이나 친구 역시 같은 통증 부위에서 신호가 발생합니다. 결국 번식이나 열정적인 사랑을 위해서만 좋은 감정이 필요한 것이 아니라, 서로 교감하고 협력하며 어려움들을 이해하기 위해 좋은 감정이 필요하다는 것을 알 수 있습니다. 그리고 이는 번식을 넘어 사회적 동물인 인간이 더욱더 인간답게 살 수 있는 기능을 합니다.

3부

어른의 지식

복잡한 세상, 함께 들여다보기

| 김 범 준 |

흔히 물리학자라고 하면 떠오르는 이미지가 있습니다. 칠판에 아무도 알아보지 못하는 수식을 잔뜩 적어놓고 아무도 모르는 이야기를 자기들끼리 떠드는 모습입니다. 틀린 말은 아닙니다. 하지만 저는 우리 주변에서 벌어지는 일들을 이해하는 데 제가 가지고 있는 물리학의 방법을 이용합니다. 복잡한 이 세상을 물리학으로 꿰뚫어 보고 합리적인 이성의 눈으로 보는 방법을 조금이라도 더 많은 사람들과 공유하고 싶습니다.

학창시절 물리를 가르치던 선생님들의 별명은 하나같이 제물포였습니다. '쟤 때문에 물리를 포기했다'는 말의 줄임말입니다. 하지만 물리학은 생각처럼 어렵지 않습니다. 우리 일상을 둘러싼 수많은 현상들에 물리학이 녹아 있는데 이것만 알아도 물리학이 생각보다 쉽고 재미있는 학문이라는 것을 알게 될 것입니다. 먼저 서로 관계를 맺고 영향을 주고받으면서 공통된 무언가를 만들어내는 통계물리학에 관해 이야기해 보겠습니다.

2000년, 영국 런던의 템스 강을 지나는 밀레니엄 다리가 완공되었습니다. 그날 수많은 사람들이 다리를 보기 위해 모였습니다. 그런데 사람들이 다리 위를 건너가기 시작하자 다리가 조금씩 옆으로 움직이기 시작하더니 점차 진폭이 커졌습니다. 마치 흔들다리처럼 움직였고 이러한 진동 문제로 다리는 개통식 후 3일 만에 폐쇄되었고 대대적인 보강 작업에 들어갔습니다. 대체 왜 이런 현상이 일어난 것일까요?

자세히 살펴보니 다리를 건너는 사람들의 움직임이 동일했습니다. 누구도 지휘하지 않았는데 일제히 왼발과 오른발을 동시에 내디디며 다리를 건넜고 그로 인해 다리가 흔들렸습니다. 다리를 건너는 사람의 일부가 다리의 왼쪽으로 이동하면 미세하게나마 다리는 오른쪽으로 움직입니다. 그러면 다리가 오른쪽으로 움직이는 것을 감지한 더 많은 사람들이 왼쪽으로 이동합니다. 이로 인해 다리는 더 많이 오른쪽으로 움직입니다. 최초의 작은 변화가 점차 더 큰 변화를 불러일으킨 것입니다. 어떤 원인에 의해 나타난 결과가 다시 그 원인에 영향을 주는 것을 되먹임 현상이라고 하며 영어로는 피드백feedback 이라고 합니다. 우리는 사회를 살아가면서 한 번의 변화가 더 많은 변화를 가져오면서 점점 규모가 커지고 많은 사람

어
쩌
다
어
른

들이 참여하게 되는 피드백 현상을 자주 경험합니다.

집단 지성의 힘

한 번은 학회 참석 후 물리학자들이 한자리에 모여 술을 마시게 되었습니다. 술자리의 흥을 돋우기 위해 게임을 하기로 했는데 한 사람이 바코드 게임을 제안했습니다. 술병에 붙어 있는 바코드를 보고 시작점에서부터 한쪽 방향으로 그 숫자의 자리에 앉은 사람이 술을 마시는 게임입니다. 바코드의 다음 숫자 역시 같은 방식으로 진행합니다. 그런데 숫자가 클수록 건너뛰는 사람이 많아지면서 슬슬 재미를 잃었습니다.

그때 다른 누군가가 중간에 건너뛰는 사람을 줄이는 방식을 제안했습니다. 바코드 숫자를 2진수로 바꾸자는 것입니다. 2진수는 모든 숫자를 0과 1로만 나타내는 2진법으로 풀어낸 수입니다. 예를 들어 숫자 8을 2진법으로 바꾸면 1000이 되고 이때는 기준점에서 첫 번째에 앉은 사람이 한 잔을 마시는 방법의 게임입니다. 0이 나오면 방금 마신 사람이 또 마시면 됩니다. 그런데 이 게임은 숫자가 1과 0뿐이어서 거의 한 사람이 계속 마시고 시작점을 기준으로 마지막에 앉은 사람에게는 좀처럼 기회가 가지 않는 시스템이었습니다.

다시 한번 문제를 인지한 물리학자들은 이번에는 0이 나오면 한 잔을 마시고 방향을 바꾸기로 했습니다. 그러자 이번에는 시작점을 중심으로만 술잔이 왔다 갔다 하더군요. 그때 연거푸 술을 마신 사람이 "계속 영(0)일(1)만 하니까 제가 자꾸 술을 마시잖아요"라는 푸념을 했습니다. 하필 술을 마신 그곳은 포항 앞바다인 영일만迎日灣이었고, 숫자 영(0)과 일(1)만 사용한다고 해서 '영일만 게임'이라는 이름을 붙여주었습니다. 그런데 생각해 보니 물리학자에게는 이 게임이 과학적으로 연구할 수 있는 주제였습니다. 그래서 저는 그날 함께 술을 마신 몇몇 물리학자들과 영일만 게임에 관한 논문을 쓰기도 했습니다.

이처럼 일상에서의 사소한 일도 흥미롭게 바라보면 모든 것이 물리학과 연관되어 있습니다. 문제 자체는 물리학이 아니지만 그것을 해결하고 이해하고 접근하는 방법에 물리학을 이용할 수 있는 것입니다.

이번에는 일상 속 숫자에 관한 물리학을 알아보겠습니다. 주변의 한 사람을 선택한 뒤 그 사람의 몸무게를 유추하는 것은 그리 어렵지 않습니다. 여러 사람이 그 사람을 보고 떠오른 첫 번째 숫자를 적어 낸 뒤 평균을 냅니다. 여러 사람들에게 〈어쩌다 어른〉의 진행자인 김상중 씨의 몸무게를 예측해 보도록 했고 그들이 예상한 몸무게의 평균값은 70.96으로 약 71kg이 나왔습니다. 김상중 씨의 실제 몸무게는 69.4kg으로 예측값과의 오차가 크지 않았습니다. 이것이 바로 여러 사람이 힘을 합친 '집단 지성'의 힘입니다.

다음에는 남산의 높이를 유추하도록 했습니다. 머릿속에 떠오르는 첫 번째 숫자의 평균값을 내보니 728로 약 730m가 나왔습니다. 그런데 남산의 실제 높이는 262m입니다. 무려 3배 가까이 오차가 발생했습니다. 몸무게는 거의 정확히 맞췄는데 왜 남산은 이렇게 큰 폭으로 틀렸을까요? 만약 매일 남산을 오르는 사람이었다면 몸무게처럼 거의 정확하게 맞췄을 것입니다. 하지만 남산은 생각만큼 우리 일상에 가까이 있지 않습니다. 반면 몸무게에 관해서는 우리 모두가 전문가입니다. 본인의 몸무게를 알고, 여자친구의 몸무게를 알고, 남자친구의 몸무게를 알고, 자녀의 몸무게를 알고 있습니다. 이를 기준 삼아 김상중 씨의 실제 몸무게를 예측할 수 있었던 것입니다.

이러한 데이터는 몸무게를 맞추는 것뿐 아니라 일상에서도 다양하게 응용할 수 있습니다.

김 이 박 최 정 강 조 윤 장 임 오 한 신 서 권 황 안 송 류 홍 전 고 문 손 양 배 조 백 허 남 심 유 노 하 전 정 곽 성 차 유 구 우 주 임 나 신 민 진 지 엄 원 채 강 천 양 공 현 방 변 함 노 염 여 추 변 도 석 신 소 선 주 설 방 마 정 길 위 연 표 명 기 금 왕 반 옥 육 진 인 맹 제 탁 모 남궁 여 장 어 유 국 은 편 용 강 구 예 봉 한 경 소 사 석 부 황보 가 복 천 목 태 지 형 피 계 전 감 음 두 진 동 장 온 송 경 제갈 사공 호 하 빈 선우 연 채 우 범 설 양 갈 좌 노 반 팽 승

공 간 상 기 국 시 서문 위 도 시 이 호 채 강 진 빈 방 단 서 견 원
방 창 당 순 마 화 구 모 이 양 종 승 성 독고 옹 빙 장 추 편 아 도
평 대 풍 궁 강 연 견 점 홍 섭 국 내 제 여 낭 봉 해 판 초 필 궉 근
사 매 동방 호 두 미 요 옹 야 묵 자 만 운 환 범 탄 곡 종 창 시 영
포 엽 수 애 단 부 순 순 돈 학 비 개 영 후 십 뇌 난 춘 수 준 초 운
내 묘 담 장곡 어금 강전 삼 저 군 초 교 영 순 단 후 누 돈 소봉 뇌
망절 원 즙 중 증 삼 빙 우 경 소 예

우리나라의 성씨들을 순서대로 적은 것입니다. 즙 씨, 망절 씨와
같은 재미있는 성씨도 있습니다. 우리나라에 약 스무 명 정도 존재
하는 것으로 알려진 즙 씨가 이 책을 읽을 가능성은 매우 낮습니다.

201쪽 그래프의 가로축은 한 집단의 사람 수를, 세로축은 성씨의
개수를 나타냅니다. 가장 오른쪽의 값은 1985년 우리나라의 전체
인구가 약 5,000만 명일 때 성씨의 개수가 약 300개였다는 것을 보
여줍니다.

한 도시에서 성씨를 조사할 때는 전화번호부를 이용합니다. 이
때 우리나라의 김 씨나 이 씨 등의 흔한 성씨는 페이지로 셉니다.
적당한 수의 성씨는 자를 사용해 밀도를 측정하면 간단합니다.
30cm의 자에 들어가는 개수를 확인한 뒤에 자로 길이를 재는 것
을 반복합니다. 희귀 성씨는 한 사람씩 일일이 세어봐야 합니다. 이
러한 방식으로 한 도시 내 성씨 분포를 파악하는 데는 한 시간 정

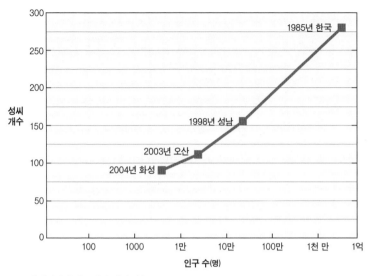

—우리나라의 인구 대비 성씨 개수

도가 소요됩니다. 어려울 것이라 생각하는 물리 연구도 쉽고 간편
하게 조사할 수 있습니다. 그래서 통계물리학의 세계는 알수록 신
기합니다.

성씨 분석 그래프를 통해 주목해야 할 또 한 가지가 있습니다.
그래프의 가로축인 사람 숫자는 한 칸에 10배씩 증가합니다. 반면
세로축인 성씨의 개수는 50개씩 증가합니다. 이러한 형태의 조건
에서 그래프의 모양이 직선 형태를 보이는 것은 우리나라뿐입니다.
우리나라의 모든 성씨는 한 페이지 안에 정리할 수 있습니다. 이 또
한 우리나라만 가능한 일입니다. 그래프 속에 숨겨진 또 하나의 정
보는 지금 형태의 그래프가 이어져 우리나라의 인구가 5억 명까지

증가한다고 해도 성씨는 고작 몇십 개밖에 늘어나지 않는다는 사실을 보여줍니다. 이웃 나라 일본에 존재하는 성씨는 약 13만 개입니다. 따라서 그래프의 모양도 우리나라와 판이합니다. 일본의 인구가 10배 증가한다면 성씨도 최소 몇만 개가 증가할 것입니다. 일정 수 이상의 사람이 모인 곳에서 성씨 분포를 조사할 경우 우리나라의 그래프는 직선 형태를 좀처럼 벗어나기 힘듭니다. 즉 성씨 통계 결과만 봐도 한국인을 대상으로 했다는 것을 쉽게 알 수 있습니다.

오랜 역사 속에서도 우리나라의 성씨는 약 300개 정도였습니다. 실제로 조선 시대 성씨를 분석해 보았습니다. 10개 집안의 전산화되어 있는 족보를 이용해 성씨를 분석했습니다. 우리나라 족보에는 그 집안에 시집온 여자들의 성씨와 본관까지 기록하기 때문에 족보를 분석하는 것만으로도 조선 시대의 성씨를 파악할 수 있습니다. 그 결과 조선 시대에도 현재와 같은 직선 형태의 그래프를 얻었습니다. 전 세계적으로 유례없는 우리나라의 독특한 성씨 분포가 최근에 벌어진 일은 아니라는 것을 확인할 수 있습니다.

203쪽 사진 속 검은 물체는 개미입니다. 개미는 사회적 곤충으로 널리 알려져 있는데요, 이들은 길을 찾을 때 매우 놀라운 방법을 사용합니다. 놀랍게도 개미가 최단 경로를 찾는 데 사용하는 전략은 딱 두 가지입니다. 하나는 앞서간 동료 개미의 흔적을 쫓아가는 것입니다. 이를 따라가기(exploitation)라고 부르겠습니다. 다른

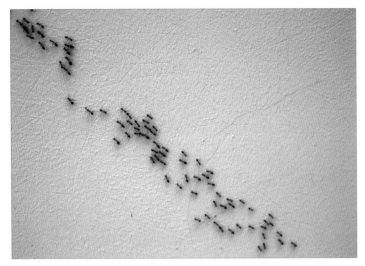

——개미의 길 찾기

하나는 친구가 간 길을 따라갈 뿐 아니라 주변을 돌아다니며 탐색하는 방법입니다. 이 두 가지를 섞어서 효율적인 길을 찾는 것입니다. 만일 두 가지 방법 중 하나만 선택한다면 어떤 결과가 나올까요? 탐색만 하고 따라가기를 하지 않으면 맛있는 먹이를 찾아도 다른 개미가 쫓아오지 않게 돼 모두가 배불리 먹을 수 있는 기회를 잃게 됩니다. 즉 한 마리가 탐색으로 해결책을 찾아도 다른 개미의 따라가기가 없으면 해결책이 전체 집단에 알려질 수 없습니다. 반대로 개미가 탐색은 하지 않고 따라가기만 한다면 어떨까요? 아프리카에서 보고된 개미의 습성에 따르면 개미가 둘레 300m 정도의 커다란 원을 그리며 계속 앞의 개미를 따라가다가 결국엔 먹이를 찾지 못해 모두 죽었다고 합니다.

목적지까지 도달하는 수많은 경로 중 최단 경로를 찾는 개미는 결코 똑똑한 곤충이 아닙니다. 그럼에도 놀라운 해결책을 발견한 것은 동료 개미가 바닥에 남겨놓은 페로몬이라는 화학물질의 흔적을 쫓아간 덕분입니다. 페로몬은 휘발성이 있어 시간이 지나면 증발해 없어져 버립니다. 따라서 개미들이 목적지까지 가는 데 시간이 오래 걸린 길 위에는 페로몬이 별로 남아 있지 않습니다. 반면 시간이 짧은 길에는 페로몬이 계속 쌓입니다. 증발하면 다른 개미가 오고, 또 증발하면 또 오기 때문입니다. 즉 개미가 최단 거리라는 효율적인 길을 찾아낸 것은 개미 한 마리는 똑똑하지 않아도 집단적으로는 놀라운 지성을 발휘한 결과라고 할 수 있습니다.

집단 지성의 효율성은 꿀벌에게서도 살펴볼 수 있습니다. 꿀벌은 1년에 한 번씩 개체 수가 많아지면 새로운 이주지를 찾아 옮겨갑니다. 그때 날개 품을 팔아 이곳저곳을 탐색하며 그 내용을 동료 꿀벌들과 공유합니다. 탐색을 다녀온 뒤 춤을 추는데, 자신이 갔던 곳이 마음에 들수록 더 오래 춤을 춘다고 알려져 있습니다.

205쪽 그림은 시간 순서대로 탐색을 다녀온 꿀벌들의 의견을 나타낸 것입니다. 각각의 선은 꿀벌들이 탐색한 지역의 방향을, 선의 굵기는 꿀벌들의 선호도입니다. 선의 굵기가 굵을수록 그곳을 좋아하는 꿀벌들이 많다는 뜻입니다. 처음 상황을 보면 한 곳이 유독 선호도가 높지만 탐색을 다녀온 꿀벌들이 많아질수록 다른 곳의

어쩌다 어른

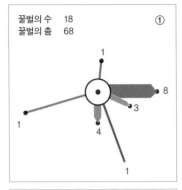

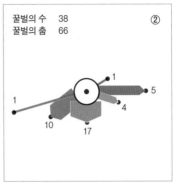

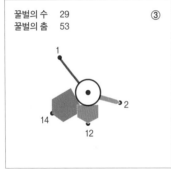

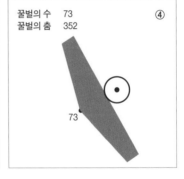

──꿀벌의 탐색

선호도가 높아집니다. 그리고 마지막에는 모든 꿀벌들이 좋다고 합의한 한 곳이 결정됩니다. 그곳으로 꿀벌들은 모두 옮겨갑니다.

흥미로운 것은 두 번째 그림에서 가장 많은 꿀벌들이 좋아했던 방향이 아닌 다른 방향이 최종 선택되었다는 사실입니다. 이는 다수가 선택했다고 모든 꿀벌들이 그것을 따르는 것은 아님을 뜻합니다. 당시는 최종 선택된 방향이 오히려 소수의견에 속했습니다. 즉 꿀벌들은 소수의견도 무시하지 않았던 것입니다. 우리 사회에서는 소수의견을 내기 어렵고 어쩔 수 없이 다수의 결정에는 과도한 신빙성을 부여하기도 해 어쩔 수 없이 따라야 하는 경우가 많습니다. 꿀벌이 집단 지성을 사용해 새로운 이주지를 찾는 과정은 인간이 그들로부터 배워야 할 것이 많다는 것을 보여줍니다.

관계 맺음과 통계물리학

가 오다걸 약워사
가고 말꽃죽
보실도 그뿌 꽂려 나진즈오에.
을리밟 나아
오다는이
인리 가겨 보놓 겨다 가음래에름.
워옵니 보변 기걸
기영 드 산때
리시눈 뿐에 이다 에어리는히.
시 길없가 역리리
따가 서는실
내실고 때음 가물 소역달홀아.

어쩌다 어른

무슨 글일까요? 사실 이 글은 김소월의 〈진달래꽃〉의 글자를 한 글자씩 떼어내 섞은 것입니다. 배열만 다를 뿐 원문과 똑같은 요소로 만들어진 것입니다. 원문은 다음과 같습니다.

나 보기가 역겨워

가실 때에는

말없이 고이 보내드리오리다.

영변에 약산

진달래꽃

아름 따다 가실 길에 뿌리오리다.

가시는 걸음 걸음

놓인 그 꽃을

사뿐히 즈려 밟고 가시옵소서.

나 보기가 역겨워

가실 때에는

죽어도 아니 눈물 흘리오리다.

같은 글자 수로 만들어진 것인데 왜 우리는 원문에서만 아름다움을 느낄까요? 우리가 시를 읽으면서 느끼는 아름다움은 글자 하나하나에서 오는 것이 아니라 글자들끼리 맺고 있는 관계에서 만들어지는 것입니다.

——모네의 〈아르장퇴유의 양귀비 들판〉과 픽셀

위의 왼쪽 그림은 클로드 모네Claude Monet의 작품인 〈아르장퇴유의 양귀비 들판〉이지만 오른쪽은 그림 속 픽셀이라고 하는 점들을 모아서 흩뿌린 것입니다. 두 그림 모두 같은 성분으로 구성된 이미지입니다. 이 역시 김소월의 시와 마찬가지로 왼쪽 그림에선 인상파 화가 모네의 아름다움을 느끼지만 뒤죽박죽 섞인 오른쪽의 그림에선 아름다움을 느끼지 못합니다. 아름다움이라는 것이 점 하나하나가 가지고 있는 것이 아니라 그 점들이 다른 점들과 맺고 있는 관계 때문에 만들어졌기 때문입니다.

'어느 누구도 시를 현미경으로 읽을 수 없다'라는 말이 있습니다. 우리가 아름다움을 느끼는 과정이 구성 요소들 사이의 관계 맺음에서 기인한다는 것을 뜻합니다. 글자를 현미경으로 하나씩 보면서 시의 아름다움을 느낄 수는 없습니다. 그보다는 구성 요소들이 유기적으로 아름다운 관계를 맺고 있기 때문에 우리가 아름다움을 느끼는 것입니다. 이러한 것을 첫 번째 관계 맺음이라고 하겠습

어쩌다 어른

니다.

다음 글을 소리 내지 말고 눈으로 빨리 읽어보시기 바랍니다.

캠릿브지 대학의 연결구과에 따르면, 한 단어 안에서 글자가 어떤 순서로 배되열어 있는가 하것는은 중하요지 않고, 첫째번와 마지막 글자가 올바른 위치에 있것는이 중하다고 한다. 나머지 글들자은 완전히 엉진창망의 순서로 되어 있지을라도 당신은 아무 문없제이 이것을 읽을 수 있다.

이번에는 한 글자씩 천천히 읽어보세요. 무언가 다른 점을 느꼈을 것입니다. 우리는 문자로 되어 있는 정보를 읽을 때는 한 글자가 아니라 구성요소가 모인 뭉텅이의 형태로 받아들입니다. 그래서 '캠릿브지'라는 단어도 빨리 읽으면 '캠브릿지'로 인식합니다. '연결구과' 또한 '연구결과'로 읽게 됩니다. 하지만 천천히 한 글자씩 읽으면 우리가 읽는 것이 다릅니다. 똑같은 대상이라도 어떤 방법으로 읽느냐에 따라 알게 되는 것이 다른 것입니다. 어떤 대상과 그것을 보는 사람의 관계로 만들어지는 아름다움이나 정보가 바로 두 번째 관계 맺음입니다.

우리가 보는 대상을 구성하는 요소들 사이의 관계인 첫 번째 관계 맺음과 보여주는 대상과 그것을 보는 우리 사이의 관계인 두 번째 관계 맺음보다 중요한 것은 바로 사람과 사람 사이의 관계 맺음입니다.

미국의 사회심리학자인 스탠리 밀그램Stanley Milgram은 재미있는 실험을 했습니다. 그는 미국 중부인 네브래스카와 캔자스 지역 사람들에게 편지를 발송했는데, 겉봉에는 편지를 받아야 할 사람의 이름과 그가 매사추세츠에 살고 있다는 정보를 적었습니다. 처음 편지를 받은 사람은 우표를 붙여서 우체통에 넣는 것이 아니라 자신이 아는 사람 중 수신자를 알 것 같은 사람에게 전달해야 합니다. 그렇게 미국 중부지방에서 출발한 편지는 한 단계씩 전달되면서 사람들을 통해 매사추세츠에 있는 주식중개인이었던 수신자에게 전달되었습니다.

밀그램은 수신자에게 전달된 편지를 분석해 처음 편지를 받은 사람과 수신자 사이를 연결하는 사람이 다섯 명이면 된다는 결론을 얻었습니다. 몇억 명의 미국 인구 중 아무나 두 사람을 골랐지만 두 사람을 연결하는 사회관계망이 다섯 단계면 충분하다는 것입니다. 만일 우리나라에서 미국의 누군가를 선택해 편지를 전달하는 실험을 한다면 미국으로 보내는 한 단계만 추가하면 됩니다. 여섯, 일곱 다리면 편지 전달이 가능하니 우리는 예닐곱 다리 정도만 건너면 세계 어느 나라의 누구와도 연결될 수 있습니다.

밀그램이 실험을 시작할 당시 많은 사람에게 편지를 보냈지만 최종 수신자에게 전달된 편지는 총 64통이었습니다. 그중 그의 집으로 온 편지 24통 가운데 이웃이었던 한 사람이 가져다준 편지가 16통이었습니다. 직장으로 온 나머지 40통의 편지 또한 모두 두 명이 최종 전달했다고 합니다. 바로 이 직장 동료 두 명과 이웃 한 명은 우리가 흔히 말하는 마당발인 셈입니다.

이러한 관계성을 활용해 우리 사회에서 벌어지는 다양한 문제를 해결할 수도 있습니다. 스웨덴의 한 연구기관은 남녀 잠자리 상대의 수를 조사했습니다. 그 결과 1천 명에 가까운 잠자리 상대를 가졌던 소위 '카사노바'라 부를 수 있는 사람이 조사 대상의 0.1% 이하라는 사실을 알게 되었습니다.

이러한 사실을 활용해 연결망을 통해 전파되는 질병을 막기 위한 백신의 배포 방법도 제안할 수 있습니다. 그 질병이 성행위를 통해 전염된다고 하면 상위 0.1%를 기록한 카사노바에게 백신을 주는 것이 가장 좋습니다. 하지만 그가 누구인지 알 수 없는 상황에서 백신을 나눠줘야 할 경우는 문제가 다릅니다.

이때 가장 어리석은 방법은 사람들이 많이 오가는 곳에서 무작위로 나눠주는 것입니다. 우리나라 인구의 30%에게 나눠줘도 그들 중 상위 0.1%의 카사노바가 존재할 확률은 매우 낮습니다. 수많은 사람들과 잠자리를 하는 사람들을 불러모은다고 해도 그 자리에 나올 사람은 없습니다. 이런 상황에서 연결망을 연구하는 한 물리학자가 흥미로운 제안을 했습니다. 사람들이 많은 곳에서 무작위로 아무에게나 백신을 나눠주되, 하나의 단서를 붙이면 된다는 것입니다. 바로 "당신이 사용하지 말고 당신의 파트너에게 주세요"라고 말하는 것입니다. 즉 1천 명 중 한 사람인 카사노바에게 직접 전달하는 극히 낮은 확률이 아니라, 그와 관계를 맺는 1천 명의 상대에게 전달될 확률을 노리는 것입니다. 그들 중 한 사람만 백신을 받아도 "파트너에게 전달하라"는 메시지가 있기에 카사노바에게 전달될 확률이 높아집니다.

이처럼 사회에서 사람들이 어떤 연결 구조를 갖는지를 연구해서 효율적으로 전염병을 막는 방법이 이미 선진국에서는 활발하게 진행되고 있습니다. 통계물리학은 우리가 생각하는 것처럼 어렵지 않으며 더 많은 사람들이 더불어 살아갈 방법을 알려주고 세상을 꿰뚫어 보는 지성을 만들어줍니다.

나는 누구인가?

| 문 성 욱 |

미국의 한 괴짜 철학자는 새끼 늑대 '브레닌'을 입양합니다. 그는 브레닌과 11년간을 동고동락했습니다. 그에게 브레닌은 친구이자 형제였습니다. 어느 날 철학자는 브레닌이 사냥하는 것을 지켜보게 됩니다. 토끼를 보면 본능적으로 달려들었지만 놓치기 일쑤였습니다. 번번이 사냥에는 실패했지만 브레닌은 또다시 토끼를 볼 때마다 눈을 반짝이면서 행복해했습니다. 그 모습을 본 철학자는 깨달음을 얻게 됩니다. 인간은 결론적으로 좋은 감정만을 행복이라고 정의하지만 브레닌처럼 사냥에 성공하든 실패하든 사냥이라는 그 본질 자체가 행복일 수도 있다는 사실을.

늑대 브레닌의 이야기처럼 철학은 우리 옆에 아주 가까이 있습니다. 따라서 우리 주변의 철학을 둘러싼 이야기를 알아가는 것만으로도 철학과 조금은 더 친해질 수 있습니다. 그 과정에서 과연 '나'란 존재는 누구이며 무엇인지 확인하기도 합니다.

우리가 자주 사용하는 말 중 하나가 "안녕하세요"라는 인사입니다. 그런데 안녕하다는 말의 의미는 무엇일까요? 우리나라에서 안녕하다는 말은 의료기술이 발달하기 전, 보릿고개 시절 하룻밤 사이 굶어 죽거나 병들어 죽는 경우가 많은 데서 유래했습니다. 사람들은 만날 때마다 "잘 사십니까?", "어젯밤에는 아무 일 없이 잘 살아서 하루를 버티셨습니까?"라고 물었습니다. 즉 안녕하다는 말은 지금 잘 살고 있느냐는 질문이기도 한 것입니다. 그럼 다시 한번 물어보겠습니다.

"지금 잘 살고 계신가요?"

곰곰이 생각해 보면 우리는 매일 이 생각을 하고 있으며 다른 사람에게도 묻고 있습니다. 그렇다면 과연 어떻게 사는 것이 잘 사는 것일까요? 이런 질문을 던지면 저마다 잘산다는 것의 기준에 관해 이야기합니다. 돈을 많이 벌어서 걱정 없이 사는 것, 아이를 잘 키우는 것, 매 순간 만족하며 사는 것. 그런데 이때 대부분의 사람들이 가장 중요한 것을 빼먹습니다. 모두가 잘 사는 것에 관한 목표를 가지고 있지만 누가 잘 사는지에 관해서는 생각하지 않는 것입니다. 실질적으로 '나'라는 존재가 사라진 상태에서 잘 사는 것에 관해 이야기합니다. 가족의 안녕, 일에 대한 안정성, 만족할 만한 하루라는 목표는 주변 환경과 결부된 것입니다. 중요한 것은 어떻게

어
쩌
다
어
른

잘 사는 가를 물어보기 전에 '내가 누구인가?'를 먼저 알아야 합니다. 그래야만 내가 어떻게 잘 살 수 있는지를 알 수 있습니다.

그림자 세계와 이데아 세계

'나'라는 것의 본질에 관해 2600년 전부터 고민했던 한 학자가 있습니다. 바로 플라톤입니다. 명문가에서 태어난 그는 조각 같은 외모를 가진 '금수저 꽃미남'이었습니다. 플라톤이라는 이름은 넓은 어깨라는 뜻으로 얼굴뿐 아니라 몸매까지 매력적인 청년이었습니다. 그런 그가 어느 날 갑자기 소크라테스Socrates를 만나게 됩니다. 타락한 아테네에서 끊임없이 정의와 진리를 찾는 소크라테스를 동경한 플라톤은 그의 제자가 되었습니다. 가난하고 못생겼으며 괴짜라 불리던 소크라테스와 좋은 집안에서 태어난 잘생긴 플라톤의 관계는 많은 사람들의 주목을 받았습니다. 우리가 알고 있는 '플라토닉 러브'라는 말은 두 사람의 관계에서 탄생한 것입니다. 흔히 남녀 간의 정신적 사랑을 이야기하는 것으로 알려졌지만 플라토닉 러브의 실질적 의미는 지적인 성인을 동경하는 소년의 마음입니다. 어떤 배경도 따지지 않고 스승을 사랑하고 존경하는 마음 자체가 플라토닉 러브가 된 것입니다.

그렇게 플라톤은 엘리트 철학자였던 소크라테스를 열심히 따라다니며 8년간 학문을 갈고 닦았습니다. 그런데 신성 모독과 청년

선동을 이유로 소크라테스는 민주주의의 다수결에 의해 사형에 처했습니다. 스승의 죽음에 큰 상실을 느낀 플라톤은 소크라테스가 이야기한 절대 진리를 찾아 여행을 떠났습니다. 12년을 떠돌다가 지금의 시칠리아 섬 북쪽의 작은 도시국가에서 자신의 정치적 이상을 실현하기로 결심합니다. 그러나 이마저도 실패로 돌아가 끝내 노예시장에 팔려가는 신세가 되고 말았습니다. 넓은 어깨를 가진 덕에 저마다 플라톤을 노예로 데려가려 했습니다. 그때 소크라테스의 제자였던 부유한 상인 안니케리스Anniceris가 그를 발견했습니다. 안니케리스는 많은 돈을 주고 플라톤을 자유의 신분으로 만들어주었습니다.

덕분에 아테네로 돌아온 플라톤은 돈을 마련해 안니케리스를 찾아갔습니다. 그러나 안니케리스는 소크라테스의 제자를 돕는 것은 너무도 당연한 일이라며 한사코 돈을 받지 않았습니다. 자신의 생명과 바꾼 돈을 함부로 쓸 수 없었던 플라톤은 아카데모스라는 신전 옆의 정원을 사서 그곳에 아카데메이아라는 학교를 세웠습니다.

그림은 아카데메이아에 모인 학자들을 그린 것입니다. 중심의 두 사람 중 왼쪽에 서 있는 사람이 플라톤입니다. 그런데 플라톤의 오른손이 어느 쪽을 향해 있나요? 위를 향하고 있습니다. 이는 플라톤이 이상주의자임을 표현한 것입니다. '참된 진리는 이 세상에 존재하지 않으며, 저 이상 세계에 있다'는 그의 말을 나타냅니다. 플라톤의 옆에 서 있는 사람은 그의 제자인 아리스토텔레스Aristoteles입

——플라톤과 아리스토텔레스

니다. 그의 손은 플라톤과 달리 아래를 향하고 있습니다. 그렇습니
다. 아리스토텔레스는 현실주의자입니다. '진리라는 것은 이상 세계
에 있는 것이 아니며, 지금 이 세상인 현실에 있는 것이다'라고 말
하는 그의 생각을 보여줍니다. 플라톤은 아카데미아에서 후학을
양성하며 40여 년 동안 철학을 이어나갔습니다.

플라톤의 가장 유명한 이론은 '이데아idea'입니다. 플라톤은 참된
진리가 이상 세계, 즉 이데아에 있다고 생각했습니다. 우리가 보는
나무의 진짜 본질인 나무가 '이데아'에 있으며, 우리가 귀여워하는
강아지의 진짜 본질인 강아지가 '이데아'에 있다는 것입니다. 따라
서 우리가 보고 있는 나무, 강아지의 모습을 이데아로부터 투영된
그림자에 불과하다고 여겼습니다.

그림자는 태양의 방향과 각도에 따라 얼마든지 변화할 수 있습니다. 변화하는 것을 참된 진리라고 말할 수는 없습니다. 즉 그림자는 우리가 지금 보고 있는 현상에 불과하며 사람들은 그것을 보고 진리라고 말하지만 얼마든지 변할 수 있기에 참된 진리가 아니라는 것입니다. 그렇다면 참된 진리를 알기 위해서는 어디로 가야 할까요? 이데아로 가야 합니다. 플라톤은 이데아로 가기 위한 방법들, 그 연습 과정이 바로 철학이라고 말했습니다.

나는 어떻게 내가 되었는가

나를 찾기 위한 변치 않는 진리가 이데아에 있다는 것을 확인했다면 이번에는 '나'라는 것에 대한 정체성을 증명할 차례입니다. 만일 누군가로부터 "당신이 당신이라는 사실을 증명해 보라"는 말을 듣는다면 어떻게 증명할 수 있을까요? 생각보다 쉽지 않을 것입니다. 자신을 증명하기 위해 가장 중요한 것은 내가 계속 나 자신으로 있는 방법밖에 없습니다. 바꿔서 이야기하면 '어제의 나'와 '오늘의 나'가 똑같은 외모를 가지고 똑같은 말투로 똑같은 생각을 유지해야 한다는 것입니다.

'identity'라는 단어에는 정체성과 동일성이라는 두 가지 뜻이 있습니다. 누군가의 정체성을 파악한다는 것은 그 사람의 지속적인 동일성이 어떻게 나타났는가를 확인하는 것입니다. 만일 내가 어제와 다른 몸, 어제와 다른 말투, 어제와 다른 생각을 가지고 이야기 한다면 어제의 나와 오늘의 나는 전혀 다른 존재라고 판단됩니다. 만일 하루 종일 모든 것을 의심하며 내가 생각하는 것을 제외하면 모든 것이 가짜라고 의심하는 사람이 있다면 그는 정체성을 가지고 있다고 할 수 있을까요?

데카르트는 2000년 가까이 이어져 온 난제인 '나는 과연 무엇이며, 어떻게 나를 증명할 수 있을까?'에 관해 고민했던 철학자입니다. 그가 남긴 가장 유명한 말은 "나는 생각한다. 고로 존재한다"라는 것입니다. 그는 세상의 진리를 확인하기 위해 모든 것이 속임수라고 생각했습니다. 가령 1 더하기 1은 2라는 사실조차 의심했습니다. 어쩌면 사악한 악마가 자신의 머릿속에 들어와 1 더하기 1은 2라고 심어놓았을지도 모른다는 것입니다. 그럴 경우 자신은 참된 진리가 아님에도 그것을 참된 진리로 받아들일 수 있다고 의심했습니다.

모든 것을 의심함으로써 참된 진리를 찾는 방식을 '방법적 회의'라고 합니다. 모든 것을 의심한 데카르트는 어느 날 '모든 것을 의심하는 내가 혹시 미친 것은 아닐까?'라는 의심을 품었습니다. 그 결과 그는 자신이 정말 미쳤다면 내가 미쳤는지에 대해 고민할 필요가 없는데 지금 그것을 고민하고 있다는 것 자체가 미치지 않았다는 것을 증명하는 것이라고 판단했습니다. 이처럼 모든 것을 고민하고, 모든 것을 의심하며 회의적으로 바라본 데카르트였으나 절대 의심할 수 없는 사실을 발견했습니다. '나는 의심하고 있다는 것을 생각하는 존재다' 그리고 '나는 지금 존재하고 있다'는 것입니다. 여기서 나온 것이 그의 유명한 말인 "나는 생각한다, 고로 나는 존재한다"입니다.

데카르트는 왜 이렇게 깊이 생각하는 사람이 되었을까요? 그의 삶을 보면 그 이유가 명확하게 드러납니다. 태어날 때부터 몸이 약했던 데카르트는 많은 시간을 침대에 누워 보내야 했습니다. 그때마다 그는 생각에 생각을 거듭했습니다. 그러다 보니 모든 것을 의심하기 시작했고 대부분의 시간을 의심하는 데 보냈습니다. 그는 손님이 찾아올 수 없도록 20년 동안 13번 이사를 하면서 혼자만의 사색에 빠졌습니다.

데카르트가 죽기 전까지 가장 많이 한 생각은 의심입니다. 그런데 그는 모든 것을 의심하는 과정에서 가장 중요한 것을 빠뜨렸습니다. 누구나 일반적으로 할 수 있는 생각을 넘어서는 생각이 없었다는 것입니다. 즉 정체성을 확립하기 위해서는 나와 남이 어떻게 다른지를 확인하는 과정에 필요했음에도 그런 것이 사라진 상태에서 누구나 할 수 있는 의심 거리만 가지고 있었습니다. 데카르트가 가진 의심이 매우 합리적이었으며 그 의심을 통해 참된 진리에 도달했다는 것은 분명합니다. 다만 내가 나를 알기 위해서는 나와 남이 어떻게 다른지를 확실하게 알아보는 과정이 필요합니다.

나를 나로 만들어주는 것들

그렇다면 데카르트의 논의에서 빠진 '다름'이라는 것은 어디서 올까요? 우리가 서로를 다르게 보는 관점의 첫 번째 기준은 외모입니다. 그런데 외모는 일란성 쌍둥이의 경우 매우 유사하기도 하고 어떻게 가꾸느냐에 따라 비슷해질 수 있습니다. 따라서 다름을 구분하는 실질적인 기준은 외모가 아닌 감정이라 할 수 있습니다. 생각을 다르게 바라보는 것, 그리고 똑같은 것을 바라보더라도 다른 것을 느끼는 감정 자체가 나와 남이 다르다는 것을 구분하는 경계가 됩니다.

데이비드 흄David Hume은 추상적인 생각이 아닌 구체적인 감각과 감정을 매우 중요하게 여긴 철학자입니다. 그는 "내가 눈으로 보고, 내가 감각하고, 내가 경험한 것들이 나를 만든다"며 정체성을 이야기했습니다. 그렇다면 감각에서 온 감정을 중시한 흄과 하나의 그림을 연결시켜 이야기해 보겠습니다.

222쪽의 그림은 추상미술의 창시자 바실리 칸딘스키Wassily Kandinsky의 〈구성 7〉이라는 작품입니다. 누군가는 혼돈을, 다른 누군가는 복잡함 속의 조화를 이야기합니다. 우리는 저마다 조금씩 다른 감각 체계를 가지고 있기 때문에 그림을 봤을 때 느끼는 감정도 서로 다릅니다. 칸딘스키는 하나의 감각이 또 다른 감각을 일깨워 두 가지 이상의 감각이 혼용될 수 있는 공감각을 지닌 것으로 알려졌습

——바실리 칸딘스키의 〈구성 7〉

니다. 쉽게 말해 냄새를 볼 수 있거나 색깔을 들을 수 있다는 것입니다. 때문에 다른 사람들에 비해 매우 풍부한 감정과 감각을 느꼈습니다. 칸딘스키의 감각이 드러난 그림이 증명하다시피 사람마다 느끼는 감각과 감정은 다르고, 이것이 각자의 특징이며 개성이 됩니다.

그렇다면 감정과 감각만으로 사람을 구분할 수 있을까요? 나의 본질을 형성하는 데 필요한 또 다른 한 가지는 '나'라는 개인적인 요소로 이루어진 정체성뿐 아니라 주변과의 연결성을 통해 만들어지는 '나'라는 자아입니다. 21세기, 대한민국, 사회제도, 주변 국가, 친구, 가족 등 사회적 요소가 충분히 반영된 상태에서 자신의 감정, 감각, 정체성이라는 것이 생겨나는 것입니다. 이렇게 정체성이 형성되면서 사회생활을 할 수 있게 되는 과정을 '사회화'라고 합니다. 그리고 우리는 자신을 둘러싼 다양한 환경에 굴복하기도 하고 극복하기도 하면서 살아갑니다. 즉 연결된 환경 속에서의 관계적인 나와 개인으로서의 나 사이에서 어떻게 자신을 드러낼지 결정하는 것이 곧 정체성이라 할 수 있습니다.

살아내는 것과 살아지는 것

장 폴 사르트르Jean Paul Sartre는 걸출한 철학가인 동시에 뛰어난 문장가였습니다. 《구토》라는 작품을 통해 작가로서 널리 알려진 그는 1964년 《말》이라는 작품으로 노벨문학상을 수상합니다. 그러나 사르트르는 노벨문학상을 받는다는 것은 기존 체제에 대한 순응이라고 생각한다며 수상을 거절했습니다.

"내 '과오'를 덮으려는 부유한 기득권층에 정치적으로 관여됐기에 일종의 허가가 주어졌다. 그리고 그들은 나에게 노벨상을 주었다. 그들이 나를 '용서'하고, 내가 자격이 있다고 인정했다. 괴이한 일이다."

실제로 사르트르가 노벨문학상을 거절한 가장 큰 이유는 상을 받으면 노벨문학상을 받은 사르트르가 진짜 사르트르를 방해하기 때문이었습니다. 즉 남은 인생을 사르트르 자신이 구성하는 것이 아니라 노벨문학상을 받은 사르트르처럼 살아야 하기에 노벨문학상을 받지 않았습니다.

우리 주변에서 볼 수 있는 사물을 통해 사르트르가 생각하는 존재에 관해 생각해 보겠습니다. 프로펠러는 무언가를 날아가게 하기 위해 동력을 전달하는 방법으로 만든 물건입니다. 그렇다면 프로펠러가 만들어진 게 먼저일까요, 아니면 프로펠러를 만들어야 하는 목적이 먼저일까요? 목적이 먼저입니다. 칠판이 만들어진 게 먼저일까요, 아니면 칠판을 만들어야 하는 목적이 먼저일까요? 이번에도 목적이 먼저입니다. 칠판은 무언가를 그리거나 쓰기 위한 목적을 가지고 있고, 그에 따라 칠판이라는 사물이 만들어졌습니다. 그렇다면 '나'라는 존재는 어떤 목적을 가지고 태어났을까요?

사르트르에 의하면 우리는 어떠한 목적을 가지고 이 세상에 태어난 것이 아니라 그냥 툭 던져진 피투적인 존재입니다. 무엇에 의해서든 그냥 툭 내던져졌고 그때부터 자신의 삶을 이끌어나가고 있는 것입니다. 그렇다면 나는 본질이라는 목적이 먼저였을까요, 아니면 나라는 존재가 먼저였을까요? 존재가 먼저였습니다. 사르트르가 남긴 '실존이 본질에 앞선다'라는 말과 같습니다.

모든 사물들은 본질이 앞섭니다. 그런데 인간만이 실존이 본질에 앞섭니다. 실존이라고 하는 것은 개개인의 주체입니다. 그 주체는 본래 지녔어야 할 목적성이 없이 던져졌기 때문에 그 존재로서 인식되며, 그로 인해 자신의 삶을 구체적으로 만들어나갑니다. 그래서 사르트르는 우리는 삶을 구성해 나가는 존재이고, 스스로 본질을 만들어가는 과정에 있기 때문에 항상 불안할 수밖에 없다고 말합니다. 산다는 것은 스스로 무언가를 결정하는 과정이며 그에 대한 책임은 오롯이 자신이 져야 합니다. 때문에 어떻게 해야 성공하고, 어떻게 해야 행복하고, 어떻게 해야 잘 사는 것인가를 걱정하며 항상 불안해합니다. 결국 '나는 누구인가?'라는 질문에는 옳고 그름도, 정답도 없습니다.

이 세상에는 70억 명이 넘는 철학자가 존재합니다. 우리 모두가 철학자이기 때문입니다. 철학은 거창하거나 특별한 것이 아닙니다. 내 생각을 내 나름대로 내 정체성에 부여하는 것이 철학의 연습이자 본질입니다. 중요한 것은 '나'라는 주체입니다. '나'라는 주체가 환경과 주변 사람의 압박에 의해 나를 잃어버리고 그냥 '살아지고' 있는 것인지, 아니면 환경과 주변 요소를 극복하고 진짜 나로 '살아가고' 있는 것인지 생각해 보기 바랍니다.

기생충 정신으로 살아가기

| 서 민 |

우리나라 사람들은 행복지수가 낮은 편입니다. 매년 조사하는 세계행복지수 순위를 보면 우리나라보다 경제적으로 부족한 나라들에 비해서 삶의 만족도가 낮다는 것을 확인할 수 있습니다. 아마도 더 많은 것을 갖고 싶어 하는 마음 때문이 아닐까 합니다. 저는 오랜 시간 기생충을 연구해 오면서 우리가 기생충의 정신을 본받는다면 얼마든지 행복해질 수 있다고 느꼈습니다. 우리 눈에 잘 보이지 않을 정도로 작은 기생충에게서 배울 수 있는 '만족'이란 과연 무엇일까요?

저마다 크고 작은 콤플렉스를 가지고 있겠지만 저의 가장 큰 콤플렉스는 외모입니다. 어렸을 때는 제가 못생겼다고 생각한 적이 별로 없었는데 주변에서 하도 못생겼다고 말하는 통에 결국 외모

어쩌다 어른

가 콤플렉스가 되고 자신감이 없는 아이로 자랐습니다. 그러다 보니 잘하는 것도 없고, 재미도 없으니 친구들도 별로 없어 사춘기를 통과하는 것이 참 어려웠습니다.

짝꿍에게 지우개를 빌려달라는 얘기도 하지 못해 쪽지에 써서 전달했습니다. 그런데 계속 말 대신 글로 의사를 표현하다 보니 내가 글을 잘 쓰는 것 같다는 착각에 빠지기도 했습니다. 6학년 때 일이었습니다. 산수 시험을 보는데 문제가 너무 어려웠습니다. 친구들은 시험 보는 내내 신음을 내뱉었지만, 수학에 자신이 있었던 저는 유유히 문제를 풀었습니다. 시험을 보는 도중 아이들이 어렵다고 아우성을 치자 선생님은 다 맞춘 학생에게 짜장면을 사주겠다고 하셨습니다. 당시 아이들에게 짜장면은 가장 큰 상이었습니다. 그런데 놀랍게도 제가 33문제를 모두 맞췄습니다.

짜장면을 먹게 되었다며 좋아하는 저에게 선생님은 "한 문제당 3점씩이고 33문제를 맞췄으니 100점이 아니라 99점이다. 그러니 1점을 위한 시험을 다시 보자"고 하셨습니다. 선생님이 새로 출제한 5문제는 정말 어려웠고 저는 한 문제를 틀렸습니다. 결국 짜장면은 먹지 못했습니다. 그날 저는 제 외모 때문에 짜장면을 먹지 못한 것은 아닐까 하는 생각을 했습니다. 그러다가 거울 앞에 서서 제 모습을 물끄러미 바라봤습니다. 거울 속에 비친 저는 정말로 못생긴 아이였습니다. 그때 처음으로 무서운 생각이 들었습니다. '이대로 어른이 된다면 나중에 어떻게 살아야 할까?' 마치 벼랑 끝에 서 있는 듯한 느낌에 뭐라도 하자는 마음을 먹었습니다.

제가 할 수 있는 것이라고는 공부뿐이었습니다. 다른 아이들이 하루에 두 시간씩 공부하면 저는 6시간씩 공부했습니다. 친구가 없었기 때문에 원 없이 공부에 전념할 수 있었고 그러는 사이 반에서 중간 정도 하던 성적이 쑥쑥 올라 3등으로 중학교를 졸업했습니다. 고등학교에 들어가서는 마침내 전교 1등을 했습니다. 성적이 올라가면서 조금씩 자존감을 회복하던 저는 제 운명을 결정지을 사건과 만났습니다. 적성검사 결과에서 의과대학을 추천한 것입니다.

추천대로 의대에 진학한 저는 그곳에서 또 한 번 새로운 세상을 만났습니다. 전국에서 몰려온 200명의 동기들 중 50명 정도가 저와 비슷하게 못생겼던 것입니다. 그 친구들과 있으면 무서울 게 없었습니다. 제가 바라던 평범한 학생 생활이 무엇인지 비로소 알게 되었습니다. 그렇게 즐겁게 지내던 중 갑자기 지난날에 대한 억울함이 밀려왔습니다. 잘못한 것도 없는데 부당한 대우를 받은 것을 어떻게든 보상받고 싶어 무언가 해봐야겠다는 생각이 들었습니다.

저는 어린 시절 친구들에게 말을 걸지 못해 쪽지로 대신하던 습관 때문에 의도치 않게 남들보다 많은 글쓰기 연습을 했습니다. 의대에는 글쓰기와 담을 쌓은 친구들이 많았습니다. 주어, 동사, 목적어만 제대로 써도 천재 작가 소리를 들을 정도였으니까요. 그곳에서 글깨나 쓰던 사람으로 군림하던 저는 결국 책을 출간했습니다. 그렇게 나온 책이 바로 《마태우스》라는 소설입니다. '마침내 태어난

어쩌다 어른

우리의 스타'의 준말입니다. 책이 출간되고 보름간 교보문고에서 잠복했지만 이 책을 사는 사람은 단 한 명도 없었습니다. 그럼에도 저는 정신을 못 차리고 두 번째 책을 냈습니다. 《닳지 않는 칫솔》이라는 이 책 역시 결과는 같았습니다. 이 책까지 망하고 나서야 드디어 제가 생각이란 것을 하게 되었습니다.

'내가 글을 잘 쓰는 줄 알았는데 그게 아니었어! 왜 나는 글을 못 쓸까?'

한참을 생각한 끝에 내린 결론은 제가 책을 읽지 않았기 때문이란 것이었습니다. 실제로 저는 서른이 될 때까지 읽은 책이 별로 없었습니다. 그때부터 저는 책을 읽기 시작했습니다. 글로 떠보겠다는 의지가 워낙 강했던 저는 거의 모든 시간을 책 읽기에 투자했습니다. 길을 가면서도 읽고, 약속 시간에 늦는 친구를 기다리며 읽고, 친구가 화장실에 간 사이에도 책을 읽을 정도였습니다. 책을 읽을수록 글의 수준이 높아지고 제 글에 만족하고 자신감이 생기는 일이 많아졌습니다.

그러고 나니 예전에 이루지 못했던 베스트셀러를 쓰자는 꿈이 다시 스물스물 기어나왔습니다. 그즈음 〈연가시〉라는 영화가 개봉하면서 사람들이 기생충에 관심을 보였습니다. 그 분위기를 이어받아 네이버에 기생충에 관한 글을 연재했습니다. 원래 과학에 관한 칼럼에는 댓글이 거의 달리지 않는데 제 글에는 수백 개의 댓글이 달렸습니다. 나중에 글을 본 출판사에서 연락이 와 책을 출간했고, 제 책은 꿈에도 그리던 베스트셀러가 됐습니다. 제 책을 몰래 베스트셀러 진열대에 가져다 끼워 넣은 적은 있어도 저절로 올라간 적은 태어나 처음이라 너무 기뻤습니다. 책은 출간된 지 한 달 사이에 무려 4쇄를 찍었고, 1년이 조금 지났을 무렵에는 드디어 10쇄를 찍었습니다.

저는 글이라는 꿈을 가지고 노력한 끝에 결국에는 이뤄냈다는 사실이 무엇보다 기쁩니다. 그런데 만족하는 삶을 살기 위해서는 남이 원하는 것이 아니라 스스로 원하는 꿈을 가져야 합니다. 그 꿈을 이루기 위해 노력하고 마침내 꿈을 실현하면 그 기쁨은 무한대로 커집니다.

우리가 기생충을 미워하는 이유

기생충은 영어로 'parasite'라고 합니다. 그 어원은 희랍어에서 찾을 수 있는데, 식탁에 앉아 밥을 먹을 때 누가 옆에서 계속 "먹고 싶다"고 말하는 것을 뜻합니다. 남이 라면을 먹을 때 옆에서 입맛을 다셔본 경험이 다들 있을 것입니다. 우리 모두에게 기생의 본능이 남아 있기 때문입니다.

지구상에서 가장 오래된 기생충의 흔적은 약 2억 7,000만 년 전의 것입니다. 그 시대에 살던 상어의 변이 화석이 되어 그대로 보존되었고, 그 안에서 기생충의 알이 우르르 나왔습니다. 인간, 즉 호모 사피엔스의 역사가 약 20만 년 전에 시작되었으니 기생충이 훨씬 더 선배인 셈입니다. 사람이 탄생했을 때 이미 세상은 기생충으로 가득했고 곧 기생충은 사람에게 들어오게 됩니다. 그러니 세종대왕도 몸에 회충이 바글바글한 상태에서 한글을 창제했고, 이순신 장군도 편충이 잔뜩 있는 상태에서 명량대첩을 승리로 이끈 셈입니다. 이렇듯 기생충은 우리의 오랜 친구입니다. 그럼에도 우리는 기생충을 싫어합니다.

기생충을 좋아하거나, 좋아하려 노력하는 사람도 없습니다. 사람들은 왜 기생충을 미워할까요? 제 주변의 여러 사람에게 설문조사를 해보니 대다수가 "기생충의 놀고먹는 정신이 틀려먹었다"고 이야기했습니다. 그러니까 나는 매일 야근하면서 힘들게 사는데 기생충은 남의 몸속에서 "밥풀 들어왔다, 먹자!"라고 하면서 편하게 먹고사는 게 얄미운 것입니다. 그런데 우리 몸속에서 사는 게 편하지만은 않습니다. 깜깜한 곳에서 살다 보면 시력을 잃고, 움직일 필요가 없으니 팔다리도 없어집니다. 게다가 옛날처럼 기생충이 많던 시절에는 심심할 일이 없지만 지금은 잘해야 한두 마리의 기생충만 살아남았으니 독거 회충의 외롭고 힘든 삶은 이루 다 말할 수 없습니다.

사람들이 기생충을 미워하는 두 번째 이유는 외모입니다. 기생충의 아버지라 불리는 저도 기생충이 징그러울 때가 있으니 이 의견에는 어느 정도 동의합니다. 그러나 모든 기생충이 징그러운 것

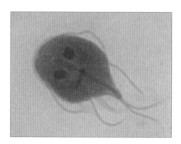

──람블편모충

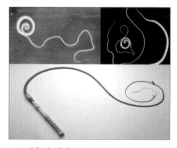

──편충과 채찍

은 아닙니다. 우리 인간도 다양한 생김새를 가졌듯이 기생충의 외모 스펙트럼도 매우 넓습니다.

위의 사진은 '람블편모충'이라는 기생충의 모습입니다. 왠지 "뭘 봐!"라고 말하는 것 같지 않습니까? 이 귀여운 기생충은 인기가 많아서 미국에서 캐릭터 장난감이 만들어지기도 했습니다. 어릴 때부터 이런 장난감을 가지고 논다면 기생충을 그렇게 미워하지는 않을 거라는 생각이 듭니다.

만일 다음 생에 기생충으로 태어나야 한다면 저는 편충이 되고 싶습니다. 마치 채찍처럼 생긴 편충은 좌우대칭이 정확하고 미적으로 완벽한 기생충입니다. 우리가 잘 모를 뿐 주위를 둘러보면 기생충처럼 생긴 것이 굉장히 많습니다. 콩나물, 라면, 파스타는 모두 기생충과 흡사한 모양을 하고 있습니다. 즉 우리가 기생충이라고 생각하고 보면 징그럽지만 편견을 버리고 사랑스러운 눈으로 보면 얼마든지 받아들일 수 있는 외모를 가졌습니다.

우리가 기생충을 미워하는 세 번째 이유는 백해무익하다는 편견

어쩌다 어른

——기생충과 콩나물, 라면, 파스타

입니다. 몇 해 전 고래회충이 사람의 위벽도 뚫는다며 감염을 조심
하라는 이야기가 뉴스를 장식했습니다. 당시 뉴스를 본 사람들이
생선회를 멀리하기도 했는데요, 제가 알기로 해방 이후 고래회충이

233

위벽을 뚫은 전적은 단 한 번도 없었습니다. 그렇다면 왜 그러한 뉴스가 나왔을까요? 고래회충은 우리가 집에 가야 편안한 것처럼 고래 안으로 들어가야 행복합니다. 그런데 어쩌다 보니 사람의 몸으로 들어가 버린 것입니다. 게다가 유충이라 판단력도 좋지 못해 길을 잃고 당황해서 이리저리 다니다가 사람의 위에 도착합니다. 아시다시피 위에서는 위산이 분비됩니다. 위산에 맞아 따가운 고래회충은 머리라도 보호하고 싶은 마음에 위벽에 살짝 머리를 묻습니다. 뚫는 게 아니라 묻는 것입니다. 이때 약간의 복통을 유발할 수 있습니다. 고래회충의 증상은 이게 전부입니다. 치료법도 간단합니다. 내시경으로 끄집어내기만 하면 됩니다. 우리가 고래회충에 감염될 확률은 1만 분의 1이 채 되지 않는데 이 때문에 회를 먹지 말아야 할까요? 이처럼 기생충에 대한 지나친 공포와 혐오는 기생충을 미워하도록 만들고 삶의 즐거움마저 앗아갈 수 있습니다.

대부분의 기생충은 우리 몸에 별다른 증상을 일으키지 않습니다. 그 이유는 무엇일까요? 숙주가 죽으면 자신도 죽기 때문입니다. 바이러스나 세균은 오늘만 있지 내일이 없습니다. 그러니 당장 너 죽고 나 죽자는 마음으로 숙주를 괴롭힙니다. 하지만 기생충은 먼 미래를 내다봅니다. 숙주에게 잘 보여서 오래 살아가고 후손들까지 이 몸에서 살게 하고 싶다는 마음이 있기 때문에 되도록 숙주를 괴롭히지 않습니다. 비유하자면 우리는 내 집 화장실은 되도록 깨끗하게 사용하지만 공중화장실이나 휴게소 화장실은 깨끗하게

234

사용하기보다 내가 편하게 사용하는 데 주안점을 둡니다. 내 집 화장실은 평생 살아야 하고 더러워지면 내가 청소해야 하지만 공중화장실은 한 번 사용하고 말기 때문입니다. 기생충도 마찬가지입니다. 자신이 평생을 살아갈 숙주를 귀하게 여깁니다. 괴롭히기보다는 오히려 공생의 길을 모색합니다. 지구의 환경을 파괴하고 동물들을 멸종시키는 인간에게는 이런 공생의 정신이 부족합니다. 가장 악랄한 포식자인 우리는 무엇보다 기생충 정신을 가져야 할 것입니다.

기생충처럼 살아가기

기생충이 우리에게 해가 되기는커녕 오히려 이로운 존재라고 말할 수 있는 또 하나의 이유는 '알레르기'를 막아주기 때문입니다. 1990년대 이후 우리나라 사람들에게 알레르기가 많이 발생했습니다. 그 원인 중 하나가 기생충이 사라졌기 때문입니다. 우리의 면역계는 야생마와 같은 습성을 가지고 있습니다. 우리는 면역이 강할수록 좋다고 알고 있지만 면역계가 지나치게 강하면 오히려 우리 몸을 공격하려 합니다. 이때 면역세포가 나쁜 마음을 먹지 않도록 같이 놀아줄 무언가가 필요합니다. 하지만 세균이나 바이러스는 이역할을 하기에는 너무 작습니다. 이에 반해 30cm가 넘는 기생충은 면역세포들이 같이 놀고 싶어 할 조건을 갖췄습니다. 실제로 오랜 기간 동안 면역세포를 달래주던 것이 바로 기생충입니다. 그런데 어느 날 갑자기 기생충이 사라져버리자 심심해진 면역세포는 우리 몸을 공격하기 시작했고, 그 결과 알레르기를 비롯한 각종 면역질환이 늘어난 것입니다.

그렇다면 정말로 기생충은 알레르기에 효과가 있을까요? 일본 도쿄대학의 의과 교수인 후지타 고이치로藤田紘一郎가 지병인 천식을 없애기 위해 광절열두조충이라는 기생충의 유충을 먹은 결과 천식이 사라졌다고 합니다. 현재 기생충을 사용해 각종 면역질환을 치료하는 연구가 활발히 진행 중이니, 어쩌면 우리 후손들은 일부러 기생충을 몸에 지니고 살 수도 있을 것 같습니다.

우리가 생각하는 것과 달리 기생충은 굉장히 소식을 하는 생명체입니다. 인간은 배가 불러도 맛있는 게 있으면 또 먹고 살찔 것을 걱정하지만 기생충에겐 식탐이란 것이 없습니다. 배 속에 기생충이 있으면 우리가 먹은 밥을 기생충이 다 빼앗아 먹는다고 생각하는 사람이 있습니다. 하지만 밥 한 톨이면 충분히 만족하는 존재가 바로 기생충입니다. 인간은 좀처럼 갖지 못하는 무소유 정신을 실천하고 있습니다. 그렇기 때문에 기생충은 병들어 죽는 일이 거의 없으며 매우 건강합니다. 예전에는 대부분의 사람들이 기생충에 감염되어 있었기 때문에 봄이나 가을이면 구충제를 먹어야 했지만 지금은 감염률이 채 2%도 되지 않습니다. 게다가 지금 우리 몸에 들어오는 기생충은 대부분 디스토마인데, 이는 약국에서 판매하는 구충제를 먹어도 효과가 없습니다. 그러니 도시에 사는 사람이라면

어쩌다 어른

이유 없이 구충제를 먹을 필요가 없습니다.

기생충의 또 다른 뛰어난 점은 싸우지 않는다는 것입니다. 지구 상에 인간이 존재한 이래 전쟁이 끊인 적이 없습니다. 어느 한 곳에 서라도 우리는 치열하게 싸우고 서로를 공격합니다. 그로 인해 무 고한 사람들이 목숨을 잃기도 했습니다.

오른쪽 사진은 한 사람 에게서 나온 기생충입니 다. 자세히 보면 다치거나 상처 난 기생충이 없다는 것을 알 수 있습니다. 서 로 싸우지 않기 때문입니

——사람에게서 나온 기생충

다. 우리 몸에서 먹을 것이 제일 많은 곳이 작은창자입니다. 그래서 우리 몸속에 들어온 기생충은 작은창자에서 살고 싶어 합니다. 그 런데 그곳에 이미 다른 기생충이 살고 있다면 구태여 그곳에서 살 려 애쓰지 않고 다른 곳으로 갑니다. 작은창자에 사는 기생충이 그 곳으로 들어오는 음식을 다 먹어치우지 않고 자신이 먹을 양만 먹 기 때문에 다른 곳에 사는 기생충에게도 충분히 차례가 돌아가기 때문입니다. 기생충이 다 같이 잘 살 수 있는 이유가 여기 있습니 다. 나이 드신 분들 중에서 회충, 편충, 십이지장충 등 다양한 종류 의 기생충에 걸려본 경험이 있을 텐데요, 이는 기생충의 대타협 정 신의 결과라고 할 수 있습니다.

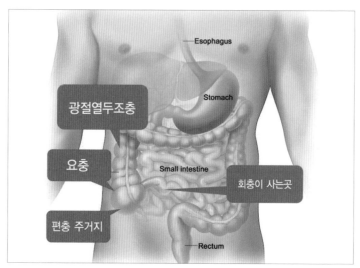

——기생충의 타협

　지역에 따라, 학벌에 따라, 나이와 외모에 따라 끊임없이 차별하
고 서로를 견제하는 인간과는 정반대인 것이 기생충입니다. 인간이
기생충의 이러한 타협 정신을 가지고 간다면 우리가 사는 세상은
분명 지금보다 더욱 살만한 곳일 것입니다.

대한민국 임시정부의 비밀

| 심 용 환 |

이 시대의 지성인 이어령 교수는 자신의 에세이《흙 속에 저 바람 속에》에서 아주 재미있는 표현을 했습니다. 'birds sing.' 보이는 그대로 해석하자면 '새들이 노래한다'는 뜻이지만 우리네는 '새들이 운다'라고 표현했다고 합니다. 이렇게 절로 소리가 나는 것이면 뭐든지 우리가 '운다'라고 표현하는 것이 우리나라의 역사적인 배경과 무관치 않다는 것입니다. 이처럼 같은 현상을 두고도 내가 처한 상황에 따라서 해석은 여러 가지로 달라지게 마련입니다. 그 중심에 역사가 존재합니다.

우리가 익히 알고 있던 역사에는 많은 비밀들이 숨어 있습니다. 그중에서도 임시정부라는 곳은 우리 역사의 치열한 궤적을 보여주는 대표적인 이야기를 담고 있습니다. 하지만 그 이야기 사이사이에는 독립운동가의 삶과 열정이 숨겨져 있습니다. 지금부터 우리가 그동안 몰랐던 임시정부를 둘러싼 이야기에 관해 함께 이야기 나눠보겠습니다.

1919년 3.1운동의 여파 속에서 임시정부가 만들어졌다는 것은 우리가 잘 알고 있는 사실입니다. 여기에는 매우 중요한 의미가 있습니다. 우리나라는 1905년 외교권을 빼앗긴 이래 5년간의 비극적인 과정을 거쳐 1910년에는 역사 속에서 사라졌습니다. 고조선 건국 이래 위기를 겪기도 하고 전란을 겪기도 했지만 우리의 나라를 갖고 있었습니다. 그런데 4천 년 만에 민족은 존재하지만 그 민족이 세운 나라가 없어지게 된 겁니다. 나라를 잃은 근 30년간 우리 민족은 실패를 거듭했습니다. 갑신정변도, 동학농민운동도, 애국계몽운동도, 의병활동도 모두 실패했습니다.

—3·1운동

그렇게 나라를 잃고 만 상황에서 더는 지켜만 볼 수 없던 식민지 조선 민중들이 드디어 1919년 3월 1일에 만세 운동을 벌였습니다. 집에서 태극기를 그려오고 오일장이 서는 날이면 누가 먼저랄 것도 없이 태극기를 흔들며 만세 시위를 했습니다. 그러면서 전국적으로 운동이 퍼져나갔습니다. 심지어 지방의 의식 있는 유지들은 한 사람이라도 만세 운동에 동참시키기 위해 시위에 참여하지 않으면 집을 불태워버리겠다는 위협까지 했습니다. 개 중에는 이미 독립이 됐다고 생각하며 만세운동에 참여하는 경우도 있었습니다. 그만큼 나라를 되찾으려는 열기는 뜨거웠습니다.

사실 3.1운동은 원래 3.3운동으로 계획된 것이었습니다. 당시 민중궐기를 계획한 최초의 날짜는 3월 3일이었습니다. 이날은 대한제국, 즉 조선왕조의 마지막 황제인 고종의 기일입니다. 그 의미를 살려 만세 운동을 펼칠 생각이었으나, 당시 여러 사정으로 일정을 조정할 수밖에 없었습니다. 1919년 3월 2일은 기독교인들이 예배를 드려야 하는 일요일이었습니다. 결국 천도교와 개신교 진영의 합의로 이틀을 앞당겨 3월 1일에 만세 운동을 펼쳤습니다. 그날 이후 4개월간 전국 각지에서 만세 운동이 이어졌습니다. 일본 경찰의 추산으로 250만 명이 거리에 나왔다고 하니 실제로는 400~500만 명이 만세 운동에 참여한 것으로 보입니다. 당시 우리나라 인구가 약 2,000만 명 정도였으니 실제로 깃발을 들고 만세라고 말할 수 있는 사람들은 모조리 쏟아져 나왔다고 볼 수 있습니다. 전국적으로는 약 1,500회 정도의 집회가 진행되었고 주요 도시에서는, 특히 서울에서는 두 달 이상 연속적으로 집회가 진행되기도 했습니다. 만세운동은 해외에 있는 동포들에게도 널리 퍼져나갔습니다. 만주와 러시아는 물론이고 훈춘, 용정, 우수리스크, 블라디보스토크에서도 만세 시위가 있었습니다. 미국에서는 필라델피아와 워싱턴에서 한인자유대회라는 이름으로 태극기를 들고 독립을 열망하는 행진이 이어졌습니다.

이때 우리 민족은 '대한 독립 만세!'라는 구호를 외쳤습니다. 마지막 황제인 고종의 기일에 '고종 폐하 만세!'가 아닌 '대한 독립 만세!'를 외쳤다는 것은 매우 의미 있는 일입니다. 나라를 빼앗기고 10년 가까이 쌓인 울분에는 물론 고종의 슬픈 죽음도 있지만 그것에 머무르거나 절망하지 않고 오히려 우리 민족이 스스로 주체가 되어 독립 의기를 떨친 역사적 사건입니다.

이렇게 국내적이고 세계적인 여파의 영향 속에서 약 한 달 후인 4월 13일 대한민국임시정부가 탄생했습니다. 그런데 왜 상하이에 자리를 잡은 것일까요? 상하이를 선택한 가장 직접적인 이유는 그곳에 '조계지'가 있었기 때문입니다. 조계지란 중국 영토임에도 서양 열강이 청나라의 간섭을 받지 않으면서 독자적으로 관리할 수 있는 영역입니다. 우리는 프랑스의 조계지에 들어가 임시정부를 세웠습니다. 당시 베트남을 점령했던 프랑스였지만 임시정부의 활동을 적극적으로 지원했습니다. 일본 경찰의 첩보가 접수되면 프랑스 조계

당국은 당시 경무국장이던 김구에게 대처할 수 있도록 미리 정보를 전달하거나, 〈독립신문〉을 발행하는 윤전기를 압수당하지 않도록 숨겨주기도 했습니다. 또한 임시정부가 운영했던 학교에 지원금을 보내는 등 상당히 따끈따끈한 관계를 유지했습니다.

——프랑스 조계지의 임시정부청사

당연히 임시정부의 국호는 '대한민국'입니다. 이는 고종이 선포한 마지막 국호 '대한제국'을 계승한 것입니다. 다만 황제가 운영하는 제국帝國이 아니라 국민이 스스로 운영하는 민국民國으로 이름이 바뀐 것입니다. 이후 1945년 비로소 해방이 되고 1948년 정부를 수립하기 위해 제헌 국회가 가장 많이 논의한 것이 국호였습니다. 고려공화국으로 정하자는 이야기까지 나왔으나 대한민국이라는 국호를 그대로 이어가자는 의견이 압도적으로 많아 '조선-대한제국-대한민국 임시정부-대한민국'으로 이어지는 우리 역사의 고고한 흐름이 만들어진 것입니다.

대한민국 임시정부가 남긴 것들

대한민국 임시정부의 수립은 몇 가지 중요한 의미를 지니고 있습니다. 첫째는 3.1운동을 계승했다는 사실입니다. 만일 3.1운동이 없었다면 망명가와 독립운동가들이 모여 독립운동을 하는 정도에 그쳤을지도 모릅니다. 그런데 3.1운동의 여파가 강력했고 그로 인해 해외에서 무려 8개의 정부가 선포된 것입니다. 그중에서 서울에서 선포된 한성정부, 연해주에서 선포된 대한국민의회 그리고 상하이의 임시정부는 상당한 규모로 실질적인 역할을 할 수 있는 수준이었습니다. 당연히 세 정부의 통합이 모색되었고 여러 복잡다단한 과정을 거쳐 세 정부는 통합됩니다. 보통 한성정부의 정통성을 바탕으로 연해주의 조직이 합쳐져서 외교활동이 유리한 상하이에 대한민국 임시정부가 수립되었다고 이야기합니다.

——대한민국 임시정부 수립

연해주 지역에서 무장투쟁을 하던 대한국민의회의 독립운동가들과 미주에서 활동하던 안창호, 이승만 등 전 세계의 독립운동가들이 상하이로 모였습니다. 300명가량의 독립운동가들은 지금의 국회와 같은 임시의정원을 구성해 임시의정원 원장 등을 선출했고 임시헌장이라는 헌법도 만들었습니다. 헌법을 바탕으로 인구 30만 명당 1인의 의원을 선출해 대표성을 갖춘 사람들을 위주로 정부가 구성된 것입니다. 당시는 일본의 삼엄한 감시 때문에 공개적으로 독립운동을 할 수 없는 상황이었습니다. 목숨을 건 투쟁만으로도 벅찼을 독립운동가들은 더 먼 미래를 내다보고 정부에 걸맞은 조직을 구성하기 위해 치열하게 노력했다는 점은 그 자체가 귀감이라고 할 수 있습니다.

대한민국 임시정부가 특별한 이유는 삼권분립에 따른 최초의 정부라는 것입니다. 의정원은 입법부, 국무원은 행정부, 법원은 사법부로 분리되어 임시정부가 구성되었습니다. 임시정부의 의정원은 우리 역사의 첫 헌법인 '대한민국 임시헌장'을 발표합니다. 총 10개 조로 주요 내용은 다음과 같습니다.

- 제1조 대한민국은 민주 공화제로 한다.
- 제2조 대한민국은 임시정부가 임시의정원의 결의에 의하여 통치한다.
- 제3조 대한민국의 인민은 남녀, 귀천 및 빈부의 계급이 없고

일체 평등하다.

- 제4조 대한민국의 인민은 종교, 언론, 저작, 출판, 결사, 집회, 통신, 주소 이전, 신체 및 소유의 자유를 가진다.
- 제5조 대한민국의 인민으로 공민 자격이 있는 자는 선거권과 피선거권이 있다.
- 제6조 대한민국의 인민은 교육, 납세 및 병역의 의무가 있다.
- 제7조 대한민국은 신(神)의 의사에 의해 건국한 정신을 세계에 발휘하고 나아가 인류문화 및 평화에 공헌하기 위해 국제연맹에 가입한다.
- 제8조 대한민국은 구 황실을 우대한다.
- 제9조 생명형, 신체형 및 공창제(公娼制)를 전부 폐지한다.
- 제10조 임시 정부는 국토 회복 후 만 1개년 내에 국회를 소집한다.

현재 우리나라의 헌법 제1조 1항은 '대한민국은 민주공화국이다'입니다. 이는 대한민국 임시헌장의 정신을 그대로 이어간 것입니다. 그런데 1919년에 자국의 헌법에 국가의 정체성을 민주공화정이라고 선포한 나라는 단 한 곳도 없었습니다. 임시헌장이 발표된 이후 1920년 체코슬로바키아와 오스트리아가 민주공화정이라는 단어를 사용했으며, 우리보다 먼저 정부를 건설한 중국도 1925년이 되어서야 민주공화정이라는 단어를 사용했습니다. 1919년은 조선왕조가

멸망한 지 10년도 되지 않았던 때입니다. 그 시점에 정부를 구성하면서 왕조사회가 아닌 민주공화정이라는 제도를 채택한 것은 정말 놀랄 만한 일입니다.

제10조에 등장한 '국회'라는 단어는 대한민국 국회의 기원입니다. 다른 국가에서는 국회가 아닌 의회라는 단어를 사용하지만 우리는 임시헌장을 계승해 국회라고 지칭합니다. 또 한 가지 눈여겨 볼 것은 제3조입니다. '대한민국의 인민은 남녀, 귀천 및 빈부의 계급이 없고 일체 평등하다.' 대한민국의 모든 국민은 남자건 여자건, 가난하건 부자건 모두가 일체 평등하다는 지향성을 가져야 한다는 것을 헌법에서 선포한 것입니다. 한자리에 모인 독립운동가들은 투쟁과 고통 속에서도 오직 나라의 독립과 국민의 더 나은 삶을 꿈꿨습니다. 이처럼 우리는 기억하지도 못하는 수많은 사람들의 희생과 노력이 켜켜이 쌓여 지금을 만들어냈습니다.

밀정과 독립운동가 사이

1919년 임시정부가 수립되고 몇 년이 흐른 뒤 독립 방향을 두고 많은 갈등이 일어났습니다. 당시 사회주의라고 하는 새로운 사조가 등장하면서 이를 바라보는 시선에 차이가 생긴 것입니다. 갈등이 심해지면서 일부 민족주의자들은 사회주의자로 전향하기도 했습니다. 1920년대는 제1차 세계대전이 끝나고 전 세계가 안정을 되찾으며 제국주의 국가들이 평화를 즐기던 시대였습니다. 세상은 평화로운데 독립은 요원하고 그렇기 때문에 독립 방략을 두고 분열과 갈등을 겪는 혼란스러운 상황이었습니다.

그 삭막했던 시기에 우리가 아직도 싸우고 있다는 것을 알리기 위해 만주에서 조직된 독립운동단체인 의열단은 국내에 잠입하여 폭탄을 투척하는 등 활발하게 활동했습니다. 이들의 활약은 영화 〈암살〉과 〈밀정〉의 배경이 되기도 했습니다. 그리고 그 모습을 인상 깊게 봤던 김구와 임시정부는 한인애국단을 결사합니다. 제1호 단원인 이봉창은 1932년 일본의 신년 관병식에 일왕이 참석한다는 소식을 듣고 일본인으로 가장해 그곳으로 갔습니다. 관병식을 마치고 돌아가는 일왕 히로히토를 향해 폭탄을 던졌으나 안타깝게도 일왕은 다치지 않고 궁내대신의 마차가 전복되는 것으로 끝나고 말았습니다. 현장에서 350여 명의 경찰에 둘러싸여 체포된 이봉창은 사형 선고를 받고 이치가야 형무소에서 순국합니다. 광복후 귀국한 김구는 이봉창의 유해를 돌려받아 서울 효창공원에 윤봉길, 백창기와 함께 안장하였습니다.

비록 거사는 실패했지만 이봉창의 용기는 독립의 열망에 엄청난 기폭제가 되었습니다. 도쿄의 중심지에서 수많은 일본인이 모여있는 자리에서 폭탄을 던져 일왕을 암살하려 한 용기에 우리뿐 아니라 중국도 열광했습니다. 실제로 중국의 〈민국일보〉는 '일왕이 관병식 후 돌아가던 중 갑자기 저격을 받았으나 불행하게도 겨우 수

행 마차만이 폭발했고 범인은 곧 잡혔다'고 서술했습니다. 〈신보〉라는 신문 역시 '폭탄을 던진 사람은 한국지사志士'라며 이봉창을 민족을 위해 제 몸을 바쳐 일한 사람으로 표현했습니다. 그 외의 여러 신문이 거사가 실패한 것을 아쉬워했습니다.

사실 이봉창이 처음 임시정부에 나타났을 때 그를 두고 모든 단

——이봉창

원들이 밀정이라고 의심했습니다. 영화 〈밀정〉을 보면 배우 송강호가 연기한 '이정출'이라는 인물이 친일과 항일의 경계에서 양쪽 모두의 밀정으로 행동합니다. 단원들이 이봉창을 밀정이라고 의심할 수밖에 없었던 것은 그가 조선말보다 일본어를 더 잘했기 때문입니다. 어린 나이에 만주로 건너갔다가 다시 일본으로 가 주요 도시를 다니면서 온갖 잡일을 해온 까닭에 일본어에 능숙했습니다. 게다가 한때 일본인이 되고 싶어 기노시타 쇼주라는 일본 이름과 일본인 양부까지 있었습니다.

이런 그가 독립을 위해 싸우기로 결심한 것은 상상을 초월하는 차별을 겪으면서부터였습니다. 일본 이름으로 생활할 때는 잘해주던 동료들도 그가 조선인이라는 사실을 아는 순간 괴롭히고 쫓아

내기 일쑤였습니다. 더는 이렇게 살 수 없다고 생각한 이봉창은 임시정부를 찾아갑니다. 여타의 독립운동가들과는 달리 어눌한 조선말과 유창한 일본어, 그리고 독립운동하는 사람답지 않게 개성 강한 그의 모습은 좀처럼 믿음을 주지 못했던 것 같습니다. 단원들에게 이러한 이야기를 들은 김구는 '백정선'이라는 가명으로 이봉창과 만났습니다. 일본의 추적을 피하기 위해 사용한 가명이었는데 실제로 이봉창은 죽을 때까지 김구의 이름을 백정선으로 알고 있었다고 합니다. 이후 김구의 최측근이었던 임정사무원 김동우가 이봉창을 면밀히 관찰합니다. 수차례 만남을 갖고 그를 파악하면서 행동은 낯설지 몰라도 이봉창의 가슴 안에 넘치는 진정성을 확인합니다.

"선생님, 제 나이 이제 서른하나입니다. 인생의 목적이 쾌락이라면 지난 삼십일 년 동안 쾌락이란 것을 모두 맛보았습니다. 이제부터 영원한 쾌락을 위해 목숨을 바칠 각오로 상하이에 온 것입니다. 저로 하여금 세상을 깜짝 놀라게 할 성업을 완수하게 해주십시오."

이러한 만남 이후 그는 한인애국단원 1호가 됩니다. 조국의 독립과 자유를 회복하기 위해 한인애국단의 일원이 되어 적국의 수괴를 도륙하기로 맹세하고 1년간 거사를 준비했습니다. 비록 이봉창의 거사는 실패했지만 얼마 후 또 다른 애국단원인 윤봉길이 상하이 홍커우 공원에서 개최한 상하이 사변 전승 기념식에 폭탄을 던지는 데 성공하면서 숭고한 희생이 조금이나마 위로받을 수 있었습니다. 1932년에는 두 사람뿐 아니라 수많은 한인애국단원들이 다양한 형태로 일제에 저항하여 폭탄을 투여하는 치열한 도전을 이어나갔습니다.

우리의 미래를 위한 치열한 고민

이쯤 되니 백범 김구 선생에 관한 이야기를 하지 않을 수 없습니다. '백범'이라 하면 많은 사람들이 '흰 호랑'이라는 뜻으로 생각합니다. 하지만 그의 호 백범白凡은 '백정과 범부', 즉 가장 낮은 사람인 필부를 뜻합니다. 보통 자신의 호에 위대하고 원대한 꿈을 담는 것과 달리 남들보다 높은 지위가 아닌 낮은 사람의 신분이라는 뜻을 담았습니다. 그는 이렇게 평범한 사람이 조국의 완전한 독립을 위해 싸우듯 모든 사람들의 애국심이 자신과 같기를 바랐습니다.

김구 선생은 독립운동을 하면서 두 명의 여인과 인연을 맺었습니다. 한 사람은 부인 최준례 여사입니다. 단 한 장의 사진으로 확인할 수 있는 그녀는 임시정부의 상황이 좋지 않던 1923년 아이를 낳은 몸으로 한겨울 계단에서 넘어져 세상을 떠나고 맙니다. 참으로 가혹한 시절이었습니다.

그리고 수년 후 김구는 단원을 모집해 이봉창과 윤봉길 의거를 성공합니다. 당연히 그는 수배자가 되어 일제의 끈질긴 추격을 받았습니다. 이때 그는 자싱이라는 곳에 몸을 숨겨 어부 행세를 하며

—김구의 가족사진

—주애보

생활을 이어갔습니다.

조금의 의심도 받지 않기 위해 무려 5년간 그 지역의 처녀 뱃사공과 위장 부부 생활을 했습니다. 당시 새로운 인연을 맺은 여인이 바로 주애보입니다. 기록에 의하면 5년의 위장 부부 생활 동안 백범은 단 한 번의 실수나 허튼 행동을 하지 않았으며, 자신을 도와주는 주애보를 위해 극진한 배려를 했다고 합니다. 주애보는 이러한 백범에게 연민의 정을 느꼈으나 중일전쟁으로 일본군이 중국에 쳐들어오는 상황에서 김구는 후난성으로 거처를 옮깁니다. 언젠가 다시 만날 것이라는 기대를 가졌으나 이후에 영원히 만나지 못했습니다.

중일전쟁으로 인해 임시정부는 상하이에서 광둥 지역으로, 다시 내륙지방이던 충칭으로 이동했습니다. 충칭 임시정부 시절인 1940

어쩌다 어른

252

——한국광복군 총사령부 성립 전례식 기념사진 속 여성 광복군

년, 임시정부는 중국 국민당 정부의 인사들을 초청해 광복군 창립 선언 및 설립 기념식을 강행합니다. 이후 김구는 장제스 총통과 만나 광복군 지원을 끌어내기도 합니다. 태평양전쟁이 시작되면서 일본이 중국 전체를 유린하는 상황에서 광복군을 모집하는 것은 결코 쉬운 일이 아닙니다. 더구나 징병으로 끌려왔던 한인 병사를 탈출시켜 광복군에 합류시키는 일은 너무나도 어려운 일이었습니다. 초반 30여 명으로 시작한 광복군은 각고의 노력 끝에 해방 직전에는 700명까지 증가했습니다. 어마어마한 업적이 아닐 수 없습니다.

여기에는 중요한 비밀이 하나 있습니다. 독립운동은 물리적 활동이 많은 탓에 대부분 남자들이 참여했습니다. 물론 그들이 독립운동에 전념할 수 있도록 가족을 지키고 자녀를 키운 여성들의 노력을 잊어서는 안 됩니다. 그런데 광복군에서는 예외적으로 여성들이 활동했습니다. 무려 70명 정도가 여성이었습니다. 오광심, 김정숙, 지복영, 조순옥, 민영주, 신순호 등은 널리 알려진 여성 광복군입니다. 과연 그녀들은 왜 광복군이 되었을까요?

아버지가 독립운동가였던 사람이 있는가 하면, 연인과 함께 광복군에서 활동하기로 약속해 참여했으나 남자는 오지 않고 홀로 광복군이 된 사람도 있었습니다. 당연히 광복군에 참여한 이유는 남녀를 불문하고 조선의 독립이었습니다. 그리고 또 한 가지, 남녀평등을 위해서였습니다.

"임시정부 헌법이 빈부와 신분의 귀천을 구별하지 않고 특히 남녀평등을 강조한 데 자극받아 미력이나마 일조하고 싶어서였지요. 당시 여군에 대한 대접도 좋아 월급도 중국돈 5원으로 남자들과 큰 차이가 없었습니다."

—지복영

이는 가볍게 볼 사안이 아닙니다. 임시헌장 제3조의 내용인 '남녀가 일체 평등하다'라는 지향점을 20여 년간 지켜나간 것이기 때문입니다. 당시 여성 광복군이 작성한 글을 보면 '나는 조선의 해방을 이끌 것이 나의 꿈이요, 그러나 조선 해방을 이룬 후에 남녀가 평등한 세상을 만드는 것이 내 꿈이오' 식의 기록이 매우 많습니다.

가장 유명한 여성 광복군 중 한 사람인 지복영은 1943년 일본에 의해 강제로 끌려온 한국 군인들을 설득해 광복군에 합류시키기 위한 선전작업을 도맡아 했습니다. 글을 쓰고 전단을 만들어 뿌리는 활동을 하면서 1945년 광복군 총사령부 편대가 재편성되었을 때 그녀의 직책은 소령이었습니다. 훗날 이 사실이 밝혀지면서 1990년에는 건국훈장 애국장을 수여했습니다. 광복군에는 이런 훌륭한 70여 명의 여성이 존재했습니다. 임시정부에서 활약한 여성들의 꿈과 목표가 조국의 해방과 남녀평등이라는 사실은 최근 우리 사회가 고민하는 주제와 맞닿아 있습니다. 이미 수십 년 전에 그 주제를 이루어내기 위해 헌신했던 사람들의 이야기를 우리는 꼭 기억해야 합니다.

충칭 임시정부는 1941년 '대한민국 임시헌장'을 확대 개편하여 '대한민국 건국강령'을 발표합니다. 건국강령의 사상적 기반은 독립운동가이자 충칭임시정부 외무부장관이던 조소앙의 삼균주의를 기본으로 합니다. 삼균주의란 개인과 개인, 민족과 민족, 국가와 국가 간의 완전한 균등을 실현하기 위해서는 정치적·경제적·교육적 균등을 실현함으로써 가능하다는 생각입니다. 조소앙은 일제가 지배하면서 첫째 정치적으로 유린당하였고, 둘째, 교육의 압박이 심하고, 셋째, 경제적으로 파멸되었다고 말합니다. 따라서 일제는 정치적으로 보나, 경제적으로 보나, 사회적으로 보나 식민지 정책에서 모두 실패한 것이라고 규정합니다. 그렇기에 대한민국 건국강령을 통해 우리가 새롭게 세울 나라에 관해 구체적으로 설계하고 선포합니다.

건국강령을 현재 우리나라의 헌법에 전혀 뒤떨어지지 않습니다. 노동권, 파업권, 사회의 각종 조직에 가입할 권리 등은 물론이며 여성의 정치 참여, 경제•문화•사회생활에 대한 동등권 확보에 관해서도 이야기합니다. 심지어 노인과 어린이, 여성에게 주어질 혜택과 야간 노동 제한, 노동자와 농민에 대한 무료 의료건강 보장 등에 관한 내용도 있습니다. 이에 그치지 않고 친일파의 사유재산을 몰수해 빈농과 노동자에게 분배하며 자본주의의 폐해를 극복하기 위해 중요 산업시설은 국가가 관리한다는 창의적이고 도전적인 내용이 많습니다. 우리나라가 해방되기까지 20년이 넘도록 임시정부가 유지, 발전될 수 있었던 것은 이렇듯 구체적이고 미래 지향적인 의식과 노력 덕분입니다.

임시정부가 운영되는 동안 사회주의가 탄생했고 자본주의의 폐해가 드러났습니다. 그 흐름 속에서 사회주의가 제안하는 문제의식을 어떻게, 어느 정도 받아들일 것인가, 그리고 자본주의의 폐해를 어떻게 치유할 것인지 치열하게 고민해서 만든 것이 대한민국 건국강령입니다. 치열한 노력 덕분에 강령의 내용은 마냥 추상적이지 않고 오늘날 우리의 일상생활과 맞닿을 정도로 구체적입니다.

단언컨대 임시정부는 여전히 우리의 미래입니다. 오늘 우리가 살

어쩌다 어른

고 있는 세계는 여전히 독립운동가들이 꿈꾸었던 세계에 비해 부족한 것이 많고, 여전히 그들의 상상력은 우리에게 많은 조언을 해 주기 때문입니다. 임시정부가 품었던 간절한 희망이 우리 사회에서 얼마나 이루어졌는지, 우리나라와 우리들의 삶이 얼마나 아름답고 가치 있는지에 관하여 생각해 보았으면 합니다. 그렇다면 우리를 위해 기꺼이 희생한 이들의 죽음이 결코 헛되지 않은 이야기가 될 것이기 때문입니다.

〈어쩌다 어른〉을 만든 사람들 ─────────────────────────

연출   정민식 박재익 김명희 김은아 오청 조화선 윤은혜 박상원 김영훈

         이하나 임은휘 이서영 김종기 김지인 김소영 이현선 김성욱

작가   오현주 이선령 정원희 이선희 송나래 윤나래 김지영 이송희 강효경

         이혜민 박민지 정재은

MC   김상중

사전 MC   MC배(배영현)

함께 만든 사람들 ───────────────────────────────

이명한 본부장 김석현 총괄CP 박종훈 CP 옥지성 CP

김제현 운영국장 이기혁 편성팀장 김재인 마케팅팀장 김민준 브랜드디자인팀장

마케팅   윤정은 강희진 최윤선 이동훈 한혜진

편성   박정연 한소라 이해정 김동희 이현영 국민정

홍보   김지영 채주연

OtvN 프리미엄 특강쇼
어쩌다 어른

초판 1쇄 발행 2017년 9월 10일
초판 25쇄 발행 2024년 10월 7일

지은이 〈어쩌다 어른〉 제작팀
펴낸이 안병현 김상훈
본부장 이승은 **총괄** 박동옥 **편집장** 임세미
책임편집 정혜림 **마케팅** 신대섭 배태욱 김수연 김하은 **제작** 조회연

펴낸곳 주식회사 교보문고
등록 제406-2008-000090호(2008년 12월 5일)
주소 경기도 파주시 문발로 249
전화 대표전화 1544-1900 **주문** 02)3156-3665 **팩스** 0502)987-5725

ISBN 979-11-5909-617-4 03100
책값은 표지에 있습니다.

이 책의 내용에 대한 재사용은 저작권자와 교보문고의 서면 동의를 받아야만 가능합니다.
잘못된 책은 구입하신 곳에서 바꾸어 드립니다.